DAS FLEXITARIER-KOCHBUCH

Genussvoll leben mit viel Gemüse und wenig Fleisch

Text & Fotos: Cecilia Vikbladh

Layout & Illustration: Helena Åkesson Liedberg

Jan Thorbecke Verlag

VERLAGSGRUPPE PATMOS

PATMOS
ESCHBACH
GRÜNEWALD
THORBECKE
SCHWABEN

Die Verlagsgruppe
mit Sinn für das Leben

Aus dem Schwedischen übersetzt von Julia Gschwilm

Umschlaggestaltung: Finken & Bumiller, Stuttgart
Gedruckt in Slowenien
ISBN 978-3-7995-0573-4

Für die meisten typisch schwedischen Nahrungsmittel, die hier verwendet werden, haben wir leicht erhältliche handelsübliche Alternativen angegeben. Original schwedische Lebensmittel fnden Sie unter www.schweden-markt.de.

EINLEITUNG 4
MORGENSTUND' HAT GOLD IM MUND' 8
SMOOTHIES 20
HIMMLISCHE SUPPEN 24
LECKERES & GEMISCHTES 38
TOMATE & AUBERGINE 64
ROTE BETE 70
REIS & PASTA 82
BRATLINGE & PFANNKUCHEN 96
GLÜCKLICHE & WILDE TIERE 106
SALAT 120
SÜSSES 130
REGISTER 142

VEGGIVORE – ganz nach meinem Geschmack!

Lange habe ich nach einem Wort oder einem Ausdruck gesucht, der meine Art zu essen und zu leben beschreibt. Und dann habe ich es plötzlich gefunden: Veggivore!
Zum ersten Mal habe ich das Wort im „New York Times Magazine“ gesehen, und es passt perfekt zu mir. Ich bin ein typischer „Am-liebsten-vegetarisch-aber-gerne-ein-bisschen-Fisch-und-Geflügel-und-vielleicht-ein-bisschen-Bio-Fleisch-oder-Wild-Mensch“. Ganz einfach ein Veggivore, ein Flexitarier, ein Teilzeit-Vegetarier. Mit einem einzigen Wort kann ich jetzt meine Essensphilosophie, meine Liebe zum Essen, zu meiner Umgebung und zum Leben zusammenfassen. Es geht also nicht um irgendeine neue Methode oder Diät, sondern um eine respektvolle Einstellung zu dem, was wir essen, und zu uns selbst.

Ich habe immer ein leidenschaftliches Interesse fürs Essen und Kochen gehabt. Ich bin mit Kohlrouladen und kaltem Hund bei meiner einen und etwas luxuriöserem Festessen mit Lachs, Spargel und Crèpes bei meiner anderen Großmutter groß geworden. Letztere hatte mit meinem Großvater eine Konditorei in Bjärsjölagård, bei ihnen gab es also auch immer frisch gebackene Kuchen. Als meine Großmutter älter war, war sie oft zur Kur, und dort wurde ihr Interesse für vegetarisches Essen geweckt. An ihrem 70. Geburtstag, vor 25 Jahren, lud sie zu einem vollständig vegetarischen Buffet ein. Für mich war das neu und aufregend! Das Lauchdressing von Seite 121 stammt von genau diesem Buffet. Zuhause aßen wir jeden Tag um fünf Uhr Mamas Hausmannskost. Soviel zu meinem kulinarischen Hintergrund.

Mein Interesse am Essen erfuhr eine negative Wendung, als ich als junges Mädchen „entdeckt“ wurde. Ich sollte Model werden. Die Agenturen fanden, dass ich doch noch ein bisschen schlanker werden könnte. Ich wurde schnell ein Ass im blitzschnellen Abnehmen vor allen größeren Jobs. Aber genauso schnell kamen die Kilos zurück. Meine Modelkarriere dauerte zehn Jahre – und an keinem einzigen Tag war ich zufrieden mit meinem Körper. Diese Jahre haben mich dazu gebracht, viel über Essen nachzudenken und darüber, was ich eigentlich essen soll, damit es mir gut geht. Die Model-Reisen führten mich außerdem an ganz fantastische Orte mit wunderbarem Essen. Nachdem ich an verschiedenen Orten in Europa, vor allem aber in Italien gewohnt hatte, lagen mir das italienische Essen und die mediter-

rane Küche am nächsten. Ich genoss griechisches, nordafrikanisches, türkisches, spanisches und natürlich französisches Essen. Unmengen an Gemüse, Bohnen, Linsen und Kräutern bereitete die jeweilige Landesküche auf die herrlichsten Arten zu, und dann das Fleisch dazu, oft stundenlang im Ofen gegart und so zart, dass es schon auseinander fiel. Fisch und Meeresfrüchte wurden minimal gewürzt und über offenem Feuer gegrillt.

Als die asiatische Essenswelle Mitte der 90er-Jahre Europa erreichte, entdeckte ich eine völlig neue Welt. Auch sie war voll von fantastischen Gemüsesorten, Kräutern und Brühen. Das Fleisch spielt hier eine noch geringere Rolle als in der Mittelmeerküche. Aber was für Aromen! Und wie gut es einem mit diesem Essen geht! Ich liebe es immer noch, mich beim Essen von anderen Ländern inspirieren zu lassen, gerne auch aus Metropolen wie London oder New York. Ich liebe New York! Die gastronomische Welt des ganzen Erdballs versammelt an einem einzigen Ort. In Chinatown asiatische Zutaten zu kaufen, Honig zu probieren, der auf dem Dach eines Wolkenkratzers produziert wurde, oder an einem kalten Wintertag auf dem Union Square, wo ökologisches Gemüse verkauft wird, einen heißen Cider zu trinken – das macht mich glücklich.

Als ich meinen Laden und meine Cateringfirma Cecilias Kök („Cecilias Küche") betrieb, entwickelte ich die Art von Essen, an der ich seitdem festgehalten habe. Es ist Essen mit Inspiration aus der ganzen Welt. Es geht mir am besten, wenn ich viel Gemüse esse, am besten frisches je nach Saison. Das ist der Hintergrund meiner Essensphilosophie, und so ist dieses Buch entstanden.

Flexitarier zu sein, ist in keiner Weise einschränkend. Im Gegenteil! Es ist eine Art zu essen, die Ihre Sichtweise von Essen weitet und Sie Geschmackssensationen entdecken lässt, die Sie sonst vielleicht verpasst hätten. Lassen Sie sich von den Rezepten dieses Buches inspirieren! Wenn Sie wollen, folgen Sie den Rezepten punktgenau, aber natürlich können Sie Ihrer Kreativität auch freien Lauf lassen. Auf diese Art lernen Sie, Ihrem Gefühl und Ihrer Intuition zu

trauen und Experimente zu wagen. Und wenn es misslingt? Klar, das ist schade, aber nicht das Ende der Welt. Es ist außerdem die allerbeste Art zu lernen, richtig gutes Essen zuzubereiten.

Die meisten meiner Mahlzeiten sind vegetarisch, aber ich esse auch ein bis zwei Mal pro Woche Fisch, Meeresfrüchte und Fleisch. Dies ist kein Buch, das Sie zwingt, für oder gegen Fleisch Stellung zu beziehen, oder das neue Forschungsergebnisse präsentieren will. Nein, es ist ganz einfach ein Loblied auf unser fantastisches Gemüse. Ein Flexitarier kann sehr wohl gerne Fleisch essen, er wählt es jedoch immer mit Sorgfalt. Es geht eher darum, sich für Gemüse zu entscheiden (weil es so unglaublich lecker ist!), als darum, sich um jeden Preis gegen Fleisch zu entscheiden.

Für viele ist vegetarisches Essen immer noch etwas schwierig. Gratins, Quiches und Pasta kriegen die meisten hin, aber ein vegetarisches Drei-Gänge-Menü sehen viele als eine wirkliche Herausforderung an. Eine gute Art, ein grüneres Leben in Gang zu bringen, ist, mit ein paar einfachen vegetarischen Gerichten anzufangen und dann das Repertoire um ein paar Rezepte pro Woche zu erweitern. Hoffentlich wird das Buch zu vielen leichten, unglaublich guten, schönen und gesunden Mahlzeiten inspirieren.

Sie brauchen Ihre Essgewohnheiten nicht dramatisch zu verändern. Genießen Sie weiterhin Ihr Lieblingsessen, aber verschieben Sie die Gewichtung. Erweitern Sie die Menge an fleischlosen Gerichten pro Woche, planen Sie, welche Gemüsesorten Sie verwenden wollen, bevor Sie Fleisch oder Fisch hinzufügen. Essen Sie viel Gemüse, essen Sie besseres Fleisch mit mehr Geschmack, und essen Sie weniger davon.

Versuchen Sie nicht nur, dass Essen zu genießen, sondern auch das Kochen. Vielleicht können Sie auch im Alltag ein bisschen mehr Zeit dafür verwenden, sodass das Kochen statt einer notwendigen Routine kreativ und sinnlich wird. Meine Küche zuhause ist groß und funktionell. Aber viel mehr genieße ich das Kochen in unserem Sommerhäuschen in der kleinen, primitiven Außenküche. Und um nicht drinnen in der winzig kleinen Küche arbeiten zu müssen, hat mein Mann mir draußen eine riesige Arbeitsplatte geschreinert. Dort putze und hacke ich mein Gemüse, mitten im Wald zwischen Hummeln und Vogelgezwitscher. Wenn es regnet, höre ich das Prasseln auf dem schützenden geflickten Plastikdach. Das gibt mir Ruhe, und die alltäglichsten Kochvorgänge werden zur Meditation. Meine Freude am Essen ist einfach, anspruchslos und echt.

Die legendäre Kochbuchautorin Julia Child soll gesagt haben:
„People who love to eat are always the best people."
Und da kann man nur zustimmen, oder?

Birchermüsli

Als ich eine Zeitlang in Zürich gelebt habe, bestand mein Mittagessen oft aus einer großen Portion Birchermüsli. Dort findet man es überall: in den Regalen der Supermärkte, in Imbissen mit gesunder Kost und in traditionellen Cafés. Das Müsli eignet sich genauso gut zum Frühstück und zum Mittagessen wie als Zwischenmahlzeit. Sie können die Beeren auch durch andere Früchte ersetzen.

Tag 1: Die Äpfel reiben. Alle Zutaten von „Tag 1“ in einer Schüssel vermischen und zugedeckt über Nacht in den Kühlschrank stellen.
Tag 2: Joghurt und Banane, Beeren und Nüsse oder Sonnenblumenkerne einrühren. Gut vermischen. Das Müsli in kleine Schüsseln geben. Mit etwas Sahne und einigen Beeren dekorieren.

4 PORTIONEN

Tag 1:
- 2 säuerliche Äpfel
- 70–80 g Haferflocken oder anderes Basismüsli (Körner, Leinsamen, Flakes ohne Trockenfrüchte)
- 200 ml Vollmilch
- 1–3 EL flüssiger Honig
- Saft von ½ Zitrone

Tag 2:
- 200 g Natur-, Erdbeer- oder Himbeerjoghurt
- 1 klein geschnittene Banane
- 250 g Beeren, am besten tiefgefroren
- 65 g geröstete, gehackte Haselnüsse oder Sonnenblumenkerne
- Ca. 200 g leicht geschlagene Sahne
- Frische Beeren zum Dekorieren

Glutenfreies Knuspermüsli

Dieses Rezept enthält Hafer, da ihn viele Menschen mit Glutenintoleranz vertragen. Wenn Sie besonders empfindlich sind, können Sie ganz glutenfreien Hafer verwenden, den es in vielen Supermärkten oder Reformhäusern gibt. Wenn Sie Hafer ganz vermeiden wollen, nehmen Sie mehr von den übrigen Zutaten.

Den Ofen auf 100 °C vorheizen. Die Mandeln grob hacken und den Kardamom in einem Mörser grob zerstoßen. Alle trockenen Zutaten in einer großen Schüssel vermischen. Alle Zutaten für die Flüssigkeit in einem Topf unter Rühren aufkochen lassen, dann den Topf vom Herd nehmen. Die Flüssigkeit mit der trockenen Mischung gut verrühren. Das Müsli auf zwei Backbleche verteilen. Die größten Klumpen zerteilen. Beide Bleche in den Ofen stellen und das Müsli insgesamt 2 Stunden rösten, bis es ganz trocken ist. Alle 30 Minuten umrühren und die Bleche tauschen, damit das Müsli auf beiden Blechen gleichmäßig geröstet wird. Das Müsli nach dem Abkühlen in einer großen Schüssel mit den Trockenfrüchten vermischen. In saubere Einmachgläser füllen.

CA. 2,5 KG KNUSPERMÜSLI

Trockene Zutaten:

200 g ungeschälte Mandeln
2 EL Kardamomkörner oder 1 EL gemahlener Kardamom
350 g Haferflocken
90 g Buchweizenflocken
240 g geschroteter Buchweizen
60 g Kokosflocken
250 g Fibrex (Zuckerrübenfasern, z. B. von Finax, in speziellen Läden für glutenfreie Produkte oder online erhältlich)
70 g Kartoffelfasern (in speziellen Läden für glutenfreie Produkte oder online erhältlich)
200 g geschrotete Leinsamen
130 g ganze Leinsamen
250 g Sonnenblumenkerne, Kürbiskerne, Haselnüsse oder Pistazien
4 EL Zimt

Flüssige Zutaten:

1½ l Wasser
300 ml Rapsöl
Ca. 80 g Muscovado- oder Farinzucker
Ca. 90 g Rohrohrzucker
100 ml flüssiger Honig
100 ml heller Zuckerrübensirup
3 EL Vanillezucker

Nach dem Rösten:

120 g getrocknete Heidelbeeren
60 g Cranberrys
110 g fein gehackte ungeschwefelte Aprikosen
100 g fein gehackte Datteln
Evtl. 50 g getrocknete gewürfelte Äpfel

Goldpfannkuchen mit kalter Schlagsahne und Vanillekürbis

Kürbis ist ein magisches Gemüse, das sich eigentlich in alles verwandeln lässt, was man möchte. Kürbisse sind oft ziemlich groß. Bewahren Sie übrig gebliebenes Kürbismus im Gefrierschrank auf – dann können Sie es einfach herausholen, wenn Sie Lust haben, Suppe, Quiche, Kuchen oder Pastasauce auf Kürbisbasis zu machen.

Man kann Kürbis kochen oder im Ofen rösten. Der Geschmack von geröstetem Kürbis ist etwas süßer.

16–20 PFANNKUCHEN

Neutrales Kürbismus:
Ca. 500 g Kürbis, am besten Hokkaido, Muskat oder Butternut
Öl für das Blech

Süßer Vanillekürbis:
Ca. 500 g Kürbis
170 g Zucker
50 ml Wasser
1 Vanillestange
Evtl. ½ TL geriebene Zitronenschale

Pfannkuchen:
5 Eier
5 EL Zucker
1 TL Vanillezucker
250 g Ricotta
120 g Weizenmehl
1 TL Backpulver
½ TL Salz
Butter zum Braten

Zum Servieren:
Geschlagene Sahne

Machen Sie zuerst neutrales Kürbismus: Den Ofen auf 200 °C vorheizen. Ein Blech mit Oliven- oder Rapsöl einfetten. Den Kürbis halbieren und die Kerne entfernen. Den Kürbis mit der Fleischseite nach unten auf das Blech legen. Im vorgeheizten Ofen in 30–40 Minuten weich backen. Die Schale abschneiden und das Kürbisfleisch mit einer Gabel zerdrücken oder im Mixer pürieren.

Dann für den süßen Vanillekürbis den Kürbis schälen und das Fleisch in ca. 1 x 1 cm große Würfel schneiden. Die Stücke in einen Topf mit dickem Boden geben, sonst brennt der Kürbis leicht an. Zucker und Wasser zufügen. Die Vanillestange der Länge nach halbieren und das Mark in den Topf schaben. Alles aufkochen und dann ca. 15 Minuten bei schwacher Hitze sieden lassen, bis die Stücke weich sind und die Flüssigkeit sämig ist. Evtl. ½ TL geriebene Zitronenschale untermischen.

Für die Pfannkuchen Eier, Zucker und Vanillezucker verquirlen. Ricotta zufügen und zu einer glatten Masse rühren. Mehl, Backpulver und Salz in den Teig sieben. Zum Schluss 100 ml Kürbismus unterrühren, das restliche Kürbismus aufbewahren. Reichlich Butter in einer Pfanne schmelzen und ein paar Esslöffel Teig in 3–4 Häufchen hineinlöffeln. Braten, bis der Teig auf beiden Seiten gestockt ist. Mit kalter geschlagener Sahne und dem süßen Vanillekürbis servieren.

Saftige Leinsamenbaguettes mit Sanddorncurd

Diese Baguettes sind sehr leicht zu machen und der Sanddorncurd ist unglaublich lecker dazu. Den Curd können Sie darüber hinaus als Füllung für Torten oder Kekse verwenden. Man kann ihn auch in selbstgemachtes Vanilleeis mischen. Rühren Sie mit einer Gabel, sodass das Eis dicke Cremestreifen bekommt.

4 BAGUETTES

Baguettes:
30 g Leinsamen
35 g Graupen
70 g Roggenschrot
300 ml kochendes Wasser
25 g Hefe
400 ml lauwarmes Wasser
1 EL Salz
120 g Grahammehl (Weizenvollkornschrot)
Ca. 500 g Weizenmehl
Ca. 100 g Weizenmehl zum Formen und Bestreuen

Sanddorncurd:
Ca. 150 g Sanddornbeeren
2 Eier
170 g Zucker
100 g kühlschrankkalte Butter

Leinsamen, Graupen und Roggenschrot in einer Schüssel mit dem kochenden Wasser übergießen und ca. 15 Minuten auf 37 °C abkühlen lassen. Die Hefe in einer anderen Schüssel in etwas lauwarmem Wasser auflösen. Salz, das restliche Wasser und den Leinsamenbrei zufügen. Graham- und Weizenmehl untermischen. Den Teig 1 Stunde gehen lassen.

Den Teig auf einer gut bemehlten Arbeitsfläche zu einem flachen Viereck drücken, nicht kneten. Die Oberfläche mit Mehl bestreuen und den Teig in 4 Streifen schneiden. Die Streifen zu Baguettes drehen und weitere 30 Minuten auf Backpapier gehen lassen. Den Ofen auf 230 °C vorheizen. 2 Baguettes auf jedes Blech legen und auf der mittleren Schiene 15–20 Minuten backen. Auf einem Rost unbedeckt abkühlen lassen.

Die Beeren auftauen, falls sie gefroren sind, und mit einem Stabmixer pürieren. Das Püree durch ein Sieb streichen, Kerne und Fruchtfleisch wegwerfen. Eier und Zucker schaumig schlagen. Den Fruchtsaft zufügen. Die Masse in einem Topf bei schwacher Hitze vorsichtig erwärmen; die Eier dürfen nicht stocken. Ein paar Minuten ständig rühren, bis die Creme dick und schaumig geworden ist. Den Topf von der Platte nehmen. Die Butter unter Rühren zufügen. Abkühlen lassen, erst bei Zimmertemperatur, dann im Kühlschrank.

Gesundes Risifrutti

16 PORTIONEN

560 g Graupen
2 ½ l Wasser
100 ml frisch gepresster Zitronensaft
1 Vanillestange
250 g dunkle Rosinen
185 g Mandeln

Zum Servieren (4 Portionen):
500 g Schafmilchjoghurt

Graupenfrutti mit Schafmilchjoghurt. Cremig, aromatisch und knackig, ein fantastisches Frühstück oder eine perfekte Zwischenmahlzeit. Die Grundmischung hält sich im Kühlschrank 5 Tage. Sie können natürlich auch eine kleinere Menge kochen, aber es ist eine praktische Art, immer eine gute Zwischenmahlzeit zur Hand zu haben. Sie können den Brei gerne mit einer Zimtstange würzen. Schafmilchjoghurt schmeckt himmlisch, aber man kann natürlich auch Joghurt aus Kuhmilch verwenden. Mandeln und Rosinen halten sich mit Flüssigkeit bedeckt eine Woche im Kühlschrank. Wenn die Mandeln eingeweicht werden, erhöht sich ihr Enzymgehalt, was die Verdauung fördert. Das Rosinenwasser kann als antioxidantienreiches Süßungsmittel verwendet werden.

Die Graupen über Nacht in Wasser und Zitronensaft einweichen. Die Vanillestange der Länge nach halbieren und das Mark herauskratzen. Den Brei aufkochen und mit Vanillestange und -mark bei schwacher Hitze ca. 15 Minuten köcheln lassen, bis die Flüssigkeit verkocht ist. Die Vanillestange herausnehmen. Die Graupen abkühlen lassen und bedeckt im Kühlschrank aufbewahren.

Rosinen und Mandeln in separaten Glasbehältern einweichen. Wasser darübergießen, es soll etwas höher als Nüsse und Rosinen stehen. Im Kühlschrank aufbewahren.

Für 4 Portionen: 200–300 ml gekochten, kalten Graupenbrei, 500 g Joghurt und 2–3 EL eingeweichte Rosinen und Mandeln, gerne gehackt, vermischen. Am besten mit Früchten oder Beeren bestreuen oder mit etwas flüssigem Honig oder Dattelsirup beträufeln.

Raw-Frühstück mit gekeimtem Buchweizen, Cashewsahne und Orange

Vor ein paar Jahren besuchte ich das „Living Food Institute Sweden". Zwei Wochen lang aß ich nur „lebendiges Essen" und lernte eine Menge über Living Food. Wir aßen ökologische und unraffinierte Rohwaren. Wir ließen keimen, säuerten Gemüse, pressten Weizengras, trockneten in „Öfen" bei maximal 42 °C und tranken Drinks mit Milchsäurebakterien. Es ging mir während der Laufzeit des Kurses unglaublich gut, aber ich merkte schnell, dass ich nicht mit so vielen Einschränkungen beim Essen leben wollte. Ich habe mich dafür entschieden, alles zu essen, oder zumindest das meiste, aber nicht immer. Das gilt auch für Raw Food und Living Food.

2 PORTIONEN

50 g ungeröstete Cashewkerne
150 g ganzer Buchweizen
6 Datteln
Mark von ½ Vanillestange
1 Orange
2 Feigen
6 Erdbeeren

Die Nüsse in eine Schüssel geben und mit Wasser auffüllen, sodass sie gerade bedeckt sind. Zugedeckt über Nacht im Kühlschrank stehen lassen.

Am Tag danach den Buchweizen in einem Sieb gut abspülen. Dann mindestens 4 Stunden einweichen lassen. Das Wasser abgießen und den Schleim, der sich gebildet hat, abspülen.

Die Datteln halbieren und entkernen. Ebenfalls mindestens 4 Stunden in Wasser einweichen; falls sie getrocknet sind, noch länger. (Das Wasser kann hinterher als Süßungsmittel verwendet werden.)

Die Nüsse mit dem Einweichwasser mixen, die Datteln und das Vanillemark zufügen. Falls die Sauce zu dick wird, mehr Wasser zufügen. Die Früchte in kleinere Stücke schneiden und mit dem Buchweizen mischen. Die Cashewsahne darübergießen.

Shakshuka

4 PORTIONEN

- 2 Zwiebeln
- 5 Knoblauchzehen
- 1 rote Paprika
- 1 grüne Paprika
- 1–2 Jalapeños
- 1–2 TL Kreuzkümmelsamen
- 100 ml Olivenöl
- 1 Dose (400 g) gehackte Tomaten
- 1 EL Rohrohrzucker
- 1 TL Paprikapulver, am besten Pimentón
- 2 Lorbeerblätter
- Salz und schwarzer Pfeffer
- 4 Eier
- 3–4 EL grob gehackte Petersilie
- 3–4 EL grob gehackter Koriander
- Evtl. ca. 200 g zerbröckelter Feta

Dies ist ein richtig nahrhaftes Eier-Gemüse-Frühstück. Das Gericht mit nordafrikanischem Ursprung hat den würzigen Geschmack von Kreuzkümmel, Paprika, Tomaten und Koriander. Sie können die Gemüsemischung vorbereiten und im Kühlschrank aufbewahren. Servieren Sie Sauerteigbrot oder Tortillafladen dazu. *Huevos Rancheros* heißt die klassische südamerikanische Variante, bei der man eine ähnliche Gemüsemischung oder frische Salsa auf einer Tortilla serviert und das Ganze mit einem Spiegelei abschließt.

Zwiebeln und Knoblauch schälen und hacken. Die Paprikaschoten halbieren, entkernen und in Stücke schneiden. Die Jalapeños halbieren, entkernen und fein hacken. Eine Pfanne erhitzen und die Kreuzkümmelsamen ohne Zugabe von Fett ca. 2 Minuten rösten, bis sie zu duften beginnen. Das Öl in die Pfanne geben, die Zwiebeln und den Knoblauch ca. 5 Minuten dünsten, ohne dass sie Farbe bekommen. Paprika und Chili zufügen. Ein paar Minuten braten. Tomaten, Zucker, Paprikapulver und Lorbeerblätter zufügen. Bei schwacher Hitze ca. 15 Minuten köcheln lassen. Salzen und pfeffern. Die Eier in die Pfanne schlagen. Alles zugedeckt ca. 5 Minuten garen lassen. Mit Petersilie, Koriander und evtl. Feta bestreuen.

SMOOTHIES!

Mixen Sie Ihre eigenen Gesundheitsdrinks

Wie der Name schon andeutet, soll ein Smoothie weich und sanft sein, ein Drink mit cremiger Konsistenz aus reifen Früchten, Beeren oder Gemüse. Verwenden Sie gerne auch Keimlinge und grünes Blattgemüse wie Spinat oder Grünkohl. In Wasser eingelegte Trockenfrüchte eignen sich gut als Süßungsmittel.

Samen, Kerne, Nüsse, Kokosflocken, Haferflocken, Agavendicksaft, Honig, Kräuter und Gewürze machen sich auch gut darin. Zerkleinern Sie Samen und Kerne im Mixer, bevor sie untergemischt werden.

Die Flüssigkeit kann aus Milch, Quark, Sahne, Joghurt, Frucht- oder Gemüsesaft, Reis-, Kokos-, Soja-, Mandel- oder Hafermilch bestehen. Banane, gerne gefroren, und reife Avocado schaffen eine milde Cremigkeit, ebenso ein paar Esslöffel abgekühlter Haferbrei.

Selbst gebe ich oft Limetten- oder Zitronenschale und -saft, Zimt, geriebenen Ingwer oder echte Vanille als Aromen dazu. Frische Kräuter wie z.B. Minze sind einfach toll. Spirulinapulver, Hanf, Hagebutte oder Leinsamen – ich kann ewig so weitermachen, es gibt einfach keine Grenzen. Weizengras kann man tiefgefroren in Reformhäusern oder frisch gepresst in Rohkostbars kaufen.

Grapefruit und Ananas

4 GLÄSER

2 Grapefruits
½ Ananas
1 Gurke
3 Selleriestangen

Die Grapefruit auspressen. Die Ananas schälen und in kleinere Stücke schneiden. Ananas, Gurke und Sellerie in einem Entsafter entsaften. Sie können Obst und Gemüse auch im Mixer mixen, müssen dann aber den Smoothie vielleicht durch ein feinmaschiges Sieb streichen.

Zitruskick

4 GLÄSER

8 Orangen, gerne Blutorangen
2 Zitronen (oder insgesamt ca. 600 ml Saft aus Zitrusfrüchten Ihrer Wahl)
4 Eier
4 EL Honig
Eiswürfel

Die Orangen und Zitronen auspressen. In einen Mixer geben, Eier und Honig zufügen. Schaumig mixen. Eis zufügen und ganz kurz weitermixen.

Erdbeersmoothie

4 GLÄSER

200 g Erdbeeren
Mark von 1 Vanillestange
2 Bananen
500–600 ml Milch
2 EL flüssiger Honig oder Agavendicksaft

Sämtliche Zutaten in einem Mixer schaumig mixen.

Apfel-Ingwer-Knall

4 GLÄSER

4 Äpfel
2 Selleriestangen
1 Gurke
1 daumengroßes Stück frischer Ingwer
Saft von 1 Zitrone
2 große Handvoll frischer Spinat
Evtl. Eiswürfel

Äpfel, Sellerie, Gurke und Ingwer in einem Entsafter entsaften. Die Flüssigkeit in einen Mixer füllen. Zitronensaft zufügen und mit Spinat und evtl. ein paar Eiswürfeln mixen.

Rubinroter Morgen

4 KLEINE GLÄSER

225 g schwarze Johannisbeeren
100 ml Wasser
4 Rote Beten
Evtl. Honig oder Agavendicksaft

Die Beeren mit dem Wasser pürieren und durch ein Sieb streichen. Die Roten Beten in einem Entsafter entsaften und den Saft mit dem Johannisbeersaft vermengen. Manchmal sind die Johannisbeeren sehr sauer, dann müssen Sie den Drink vielleicht süßen.

Snickersdrink

4 GLÄSER

Mark von 1 Vanillestange
1 l Mandelmilch oder normale Milch
2 Bananen
2–4 Datteln, mindestens 2 Stunden in Wasser eingeweicht
2 EL Erdnussbutter
1 EL Kakao
Eiswürfel

Das Vanillemark in einem Mixer mit den übrigen Zutaten mixen. Eiswürfel zufügen und kurz weitermixen.

Orangen-Avocado-Joghurt-Drink

4 GLÄSER

6 Karotten
2 Rote Beten
4 Birnen
¼ frische Ananas
1 Handvoll Grünkohl oder Spinat

Karotten, Rote Beten, Birnen ohne Kerngehäuse und Ananas in einem Entsafter entsaften. Den Saft mit dem Grünkohl oder Spinat mixen.

Melonendrink

4 GLÄSER

1 süße Honig- oder Galiamelone
4 grüne Äpfel
Evtl. 2 Würfel tiefgefrorenes Weizengras
1 kleines Bund Minze

Die Melone schälen, entkernen und in kleinere Stücke schneiden. Die Äpfel schälen, entkernen und in kleinere Stücke schneiden. Alle Zutaten in einem Mixer mixen. Durch ein Sieb gießen.

Karotten-Rote-Bete-Drink

4 GLÄSER

6 Karotten
2 Rote Beten
4 Birnen
¼ frische Ananas
1 Handvoll Grünkohl oder Spinat

Karotten, Rote Beten, Birnen ohne Kerngehäuse und Ananas in einem Entsafter entsaften. Den Saft mit dem Grünkohl oder Spinat mixen.

Grünes Gazpacho mit Minipizzen

Grünes Gazpacho ist viel leckerer und frischer als das klassische rote. Das Geheimnis liegt in der perfekten Balance zwischen Säure, Süße und Salzigkeit.

4 PORTIONEN

Suppe:
- 1 l kalte Gemüsebrühe
- 1 Gurke
- 3–4 Frühlingszwiebeln
- 2 grüne Paprika
- 1 grüne Chili
- 3–4 EL fein gehackte glatte Petersilie
- 2 EL Kapern
- 2 Knoblauchzehen
- 50 ml Apfelessig
- 100 ml Olivenöl
- 2 TL Salz
- Evtl. etwas frisch gepresster Zitronensaft
- Evtl. 1 TL Zucker oder Agavendicksaft
- 50 g geröstete Pinienkerne

14 PIZZEN

Teig:
- 25 g Hefe
- ½ l lauwarmes Wasser
- 100 ml Olivenöl
- 720 g Weizenmehl Type 550
- ½ EL Salzflocken
- 1 EL gehackter frischer oder ½ TL getrockneter Rosmarin

Tomatensauce:
- 1 Zwiebel
- 1 Knoblauchzehe
- 2 EL Olivenöl
- 1 Dose gehackte Tomaten
- 2 EL Tomatenmark
- 2 TL Zucker
- ½ TL Salz und schwarzer Pfeffer

- 250 g Mozzarella in Stückchen
- 2 TL getrockneter oder ein paar Zweige frischer Oregano
- 1–2 Basilikumblätter pro Pizza, klein geschnitten

Die Brühe für die Suppe aufkochen und anschließend gut kühlen. Das Gemüse hacken und die Knoblauchzehen pressen. 1 Handvoll gemischtes fein gehacktes Gemüse zum Garnieren beiseitelegen. Den Rest in einem Mixer fein zerkleinern, aber nicht pürieren.

Dann die Gemüsemischung, Essig und Öl in die kalte Brühe geben. Die Suppe mindestens 1 Stunde im Kühlschrank stehen lassen. Abschmecken und mit Salz und evtl. Zitronensaft oder Zucker würzen. Nach Belieben mit noch etwas Olivenöl beträufeln und mit Pinienkernen bestreuen.

Für den Teig die Hefe in Wasser und Olivenöl auflösen. Mehl, Salz und Rosmarin einrühren; der Teig soll recht flüssig sein. Zugedeckt 1 Stunde gehen lassen.

Für die Tomatensauce die Zwiebel schälen und hacken und den Knoblauch pressen. Das Öl in einem Topf erhitzen, Zwiebel und Knoblauch darin weich dünsten. Die übrigen Zutaten zufügen und ca. 15 Minuten offen sieden lassen. Beiseitestellen.

Den Teig auf einer leicht bemehlten Arbeitsfläche kneten. Noch ein wenig Mehl zufügen, falls der Teig zu klebrig ist. Den Teig zu 14 runden Kugeln formen. 3–4 Bleche mit reichlich Olivenöl bestreichen. Die Kugeln flach drücken und auf den Blechen weitere 30 Minuten gehen lassen.

Den Ofen auf höchster Stufe (230–250 °C) vorheizen. Die Fladen mit den Fingerkuppen flach drücken. 1–2 EL Tomatensauce auf jede Pizza geben. Den Mozzarella auf den Pizzen verteilen.

Zum Schluss ein klein wenig Oregano darüberstreuen. Wenn die Pizzen 5 Minuten gebacken haben, die Temperatur auf 200 °C reduzieren und weitere 3–5 Minuten backen. Den geschmolzenen Käse mit Basilikum bestreuen. Die Suppe mit Eiswüfeln, etwas gehacktem Gemüse und frischen Minipizzen servieren.

TIPP:

Eine luxuriösere Variante der Pizzen bekommen Sie, wenn Sie nach dem zweiten Gehen eine Scheibe Ziegenkäse, ein paar in Butter gebratene Birnenstücke, gehackte Datteln und grob gehackte Pekannüsse daraufgeben. Die Ziegenkäsepizzen sind ein perfekter Willkommens-Snack, am besten mit einem Glas eiskaltem Prosecco.

Suppe aus geröstetem Gemüse und Tomaten

Gemüse bekommt einen wunderbar süßen Geschmack, wenn es im Ofen geröstet wird. Man kann eigentlich jede beliebige Gemüsesorte verwenden, aber die Suppe wird am besten, wenn die Menge an Tomaten nicht unter 1 kg liegt. Mischen Sie gerne gehackte Kräuter unter die Tomaten.

4 PORTIONEN

½ kg gemischtes Wurzelgemüse, z.B. Karotten, Petersilienwurzel, Pastinaken und Gelbe Beten
2 mittelgroße Zwiebeln
6 Knoblauchzehen
1 kg frische Pflaumen- oder Cocktailtomaten
3 EL Olivenöl
Salz und Pfeffer
1 l Wasser
3 Hühner- oder Gemüsebrühwürfel
Evtl. 2 EL Tomatenmark
2 TL Rohrohrzucker
Evtl. Balsamico
125 g Mozzarella, in Stücken
Frisches Basilikum

Den Ofen auf 175 °C vorheizen. Wurzelgemüse, Zwiebeln und Knoblauch schälen und halbieren. Die Tomaten halbieren. Das Olivenöl auf einem tiefen Backblech verteilen und das Gemüse darauflegen. Salzen und pfeffern. Im Ofen 30–40 Minuten backen. Das Gemüse nach der Hälfte der Zeit wenden. Das Blech aus dem Ofen nehmen.

Das Wasser mit den Brühwürfeln in einem Topf erhitzen.

Das Gemüse samt Garflüssigkeit mit etwa 300 ml Brühe pürieren. Das Gemüsepüree zusammen mit dem Rest der Brühe, evtl. Tomatenmark sowie Rohrohrzucker, Salz und Pfeffer in einen Topf geben. Alles aufkochen lassen. Mit Salz, Pfeffer und evtl. etwas Balsamico sowie Olivenöl abschmecken.

Auf warme Teller geben und mit Mozzarellastücken und Basilikum bestreuen.

siehe Rezept nächste Seite

Trompetenpfifferlingsuppe mit knusprigen Apfel-Spitzkohl-Rollen

Diese Suppe schmeckt auch mit normalen Pfifferlingen und natürlich können Sie auch andere Pilze verwenden. Die leckeren, knusprigen Frühlingsrollen passen gut dazu, man kann sie mit einer Menge verschiedenem Gemüse füllen. Diese Variante mit Äpfeln und Kohl eignet sich gut als herbstliche Vorspeise. Wenn Sie die Rollen nicht frittieren wollen, können Sie sie mit etwas Öl bestreichen und im Ofen bei 225 °C 8–10 Minuten backen oder in reichlich Olivenöl 5 Minuten in der Pfanne braten.

4 PORTIONEN

Apfel-Spitzkohl-Rollen:

1 Päckchen TK-Frühlingsrollenteig
1 Zwiebel
200 g Spitzkohl oder Weißkohl
2 Karotten
2 säuerliche Äpfel
2 EL Butter
Salz und Pfeffer
1 Ei
1 l Frittieröl

Suppe:

2 Schalotten
Ca. 300 g frische (oder 100 g getrocknete) Trompetenpfifferlinge oder Pfifferlinge
1–2 EL Butter
1 Hühnerbrühwürfel
½ l Wasser
50 ml Portwein oder Weißwein
300 g Sahne
Salz und Pfeffer
Petersilie

Den Frühlingsrollenteig auftauen und mit einem feuchten Handtuch bedecken. Die Zwiebel schälen und hacken. Den Kohl in feine Streifen schneiden. Die Karotten schälen und fein hacken. Die Äpfel halbieren, entkernen und fein hacken. Zwiebel, Kohl, Karotten und Äpfel in der Butter braten. Salzen und pfeffern. Die Mischung etwas abkühlen lassen.

Die Teigplatten mit dem Gemüse füllen. Dafür eine Platte mit einer Spitze zu Ihnen auf die Arbeitsfläche legen, die Ränder mit leicht geschlagenem Ei bestreichen. 1–2 EL Füllung als länglichen Klecks mitten auf die Platte geben. Die Seitenteile über die Füllung falten und die Teigplatte zu einer Rolle zusammenrollen. Mit allen Teigplatten so verfahren. Die fertigen Rollen mit der Fuge nach unten legen. Ca. 1 l Frittieröl in die Fritteuse oder einen großen Topf mit dickem Boden geben und auf ca. 190 °C erhitzen. Die Rollen goldbraun frittieren. Etwas abtropfen lassen und auf Küchenpapier legen.

Für die Suppe die Schalotten schälen und fein hacken. Die Pilze putzen und zusammen mit der Zwiebel in der Butter bei mittlerer Hitze braten, bis alle Flüssigkeit verdampft ist. Hühnerbrühwürfel, Wasser und Wein zufügen. Aufkochen lassen. Die Suppe mit einem Pürierstab pürieren. Sahne zufügen und die Suppe nochmals aufkochen lassen. Mit Salz und Pfeffer abschmecken. Mit gehackter Petersilie und den knusprigen Rollen servieren.

Topinambursuppe mit Jakobsmuscheln und Vanille

Topinambursuppe mit Jakobsmuscheln ist mit das Beste, was ich kenne. Außerdem bin ich ein großer Fan von Vanille, sowohl in salzigen als auch in süßen Gerichten. Zu dem süßen, milden Wurzelgemüse und den zarten Muscheln passt Vanille wirklich gut. Wenn man Vanille in salzigen Gerichten verwendet, entwickelt sie ein ganz ungewohntes Aroma.

4 PORTIONEN

- 1 kg Topinambur
- 2 große Kartoffeln
- Evtl. Zitronensaft
- 1 Zwiebel
- 1 Knoblauchzehe
- 2 EL Butter
- 1 Vanillestange
- 1 l Hühnerbrühe
- Salz und Pfeffer
- 200 g Schlagsahne
- 2 EL Olivenöl
- 8 Jakobsmuscheln
- Salz und schwarzer Pfeffer

Topinambur und Kartoffeln schälen und hacken. Wenn Sie die Suppe nicht sofort zubereiten wollen, das Gemüse in kaltes Wasser mit etwas Zitronensaft legen, damit es sich nicht verfärbt. Zwiebel und Knoblauch schälen und fein hacken. Die Butter in einem Topf mit dickem Boden erhitzen. Topinambur, Kartoffeln, Zwiebeln und Knoblauch ein paar Minuten dünsten, ohne dass die Zwiebel Farbe bekommt. Die Vanillestange halbieren und das Mark herauskratzen. Mark und Stange ein paar Minuten mit dem Gemüse braten. Die Brühe zufügen. Aufkochen und alles ca. 20 Minuten köcheln lassen, bis das Gemüse ganz weich ist. Salzen und pfeffern. Die Vanillestange herausnehmen und die Suppe fein pürieren. Ggf. noch durch ein Sieb streichen. Sahne zufügen und aufkochen. Mit Wasser oder Brühe verdünnen, wenn die Suppe zu dick ist.

Das Öl in einer Pfanne erhitzen. Die Muscheln auf jeder Seite ca. 2 Minuten braten. Mit Salz und frisch gemahlenem schwarzen Pfeffer würzen.

TIPP:

Vanillesalz herzustellen ist ganz einfach. Mixen Sie eine halbe Vanillestange mit Mark in einem Mixer mit ca. 230 g grobem Meersalz. Das Salz über Gemüse oder Meeresfrüchte und Fisch streuen.

Samtige Kürbissuppe

Bevor der Frost kommt, kann man an der Landstraße, an der ich wohne, auf Tischen zum Verkauf aufgestapelte Kürbisse sehen. Man muss sich nur einen nehmen und das Geld in ein Kästchen legen. Kürbis ist ein Chamäleon – Sie entscheiden, wie er schmecken soll. Heiße Suppen, indische Eintöpfe, im Ofen geröstet, auf und in Pfannkuchen, Kuchen, Pastasaucen, Eis, Quiches und Brot. Ich könnte dem Kürbis ein ganzes Kapitel widmen! Mit meiner Lieblingssuppe fange ich an.

4–6 PORTIONEN

- 1 ½ kg Kürbis, am besten Butternut-, Muskat- oder Hokkaidokürbis
- 1 rote Chili
- 2 Stängel Zitronengras
- 1 Zwiebel
- 2 Knoblauchzehen
- 2 EL Olivenöl
- 1 EL frisch geriebener Ingwer
- 300 ml Kokosmilch
- 800 ml Wasser
- 2 Gemüse- oder Hühnerbrühwürfel
- Geriebene Schale und Saft von 1 Orange oder Zitrone
- 1 EL Kokos-, Palm- oder Farinzucker
- Salz und schwarzer Pfeffer
- Frischer Koriander
- Kürbiskern- oder Olivenöl

Den Kürbis halbieren und entkernen. Das Kürbisfleisch mit Olivenöl bestreichen. Mit der Schnittfläche nach unten auf ein Blech legen. Bei 200 °C 45–60 Minuten im Ofen rösten, bis der Kürbis weich ist. Das Fleisch herausschaben.

Die Chili halbieren, entkernen und in kleine Stücke schneiden. Etwas zum Garnieren aufheben. Das Zitronengras putzen und halbieren, den weißen Teil etwas zerdrücken. Zwiebel und Knoblauch fein hacken. Das Öl in einer Pfanne erhitzen und Chili, Zitronengras, Zwiebel, Knoblauch und Ingwer bei mittlerer Hitze ein paar Minuten braten. Kokosmilch, Wasser und Brühwürfel zufügen. 10 Minuten köcheln lassen. Das Kürbisfleisch untermischen und warm werden lassen. Zitrussaft, -schale und Zucker untermischen. Die Suppe glatt pürieren. Mit Salz und Pfeffer abschmecken. Mit frischem Koriander und Chili servieren und am besten mit Kürbiskern- oder Olivenöl beträufeln.

Hühnersuppe für die Seele

Diese Hühnersuppe ist die sagenumwobene Gesundheitssuppe, die angeblich Erkältung und Grippe lindern kann. In New York ist die Suppe als „Jewish penicillin“ bekannt. Egal ob sie krampflösend ist oder nicht, ist sie ein Beweis dafür, dass Fürsorge und Liebe heilsam sind. Die Wärme der Suppe weckt die Lebensgeister. Die Brühe und das Fleisch können vielseitig verwendet werden.

4 PORTIONEN

Tag 1
Hühnchen und Brühe:
1 Hühnchen
3 Zwiebeln
3 Knoblauchzehen
3 Karotten
2 Pastinaken
¼ Sellerieknolle
4 Selleriestangen
1 Bund Petersilie
Evtl. 1 Bund Dill
3 Lorbeerblätter
1 EL Salzflocken
1 EL ganze schwarze Pfefferkörner

Tag 2
Hühnersuppe mit Risoni:
1 l Hühnerbrühe
200 g Risoni
2 kleine Karotten
2 Selleriestangen
Etwa 200 g Hühnchenfleisch
Fein geriebene Schale von 1 Zitrone
Dill und Petersilie

Das Hühnchen in einen großen Topf legen. Mit kaltem Wasser auffüllen, sodass es gut bedeckt ist. Aufkochen und das Hühnchen bei mittlerer Hitze 15 Minuten köcheln lassen. Den Schaum von der Oberfläche abschöpfen. Zwiebeln und Knoblauch schälen und in grobe Stücke schneiden. Karotten und Pastinaken schälen, halbieren und in den Topf geben. Sellerieknollen und -stangen putzen, in kleinere Stücke schneiden und in den Topf geben. Petersilie und evtl. Dill mit Küchengarn zusammenbinden und in den Topf geben. Die restlichen Zutaten zufügen. Aufkochen. Den Deckel auflegen und die Hitze reduzieren. Mindestens 1½ Stunden köcheln lassen, bis das Huhn gar ist. Den Herd ausschalten.

Das Hühnchen aus der Brühe nehmen und das Fleisch von den Knochen lösen. Das geht am leichtesten, wenn das Hühnchen noch warm ist. Die Haut mit den Fingern abrollen. Das Fleisch mit einer Gabel lösen, sodass die Fleischstücke lang bleiben. Wenn das Fleisch abgekühlt ist, mit Frischhaltefolie bedecken und im Kühlschrank aufbewahren.

Knochen und Hautreste zurück in den Topf geben und die Brühe weitere 30 Minuten köcheln. Dann durch ein Sieb gießen und Knochen, Gemüse und Kräuter wegwerfen. Die Brühe mit Salz und Pfeffer abschmecken. Bei Zimmertemperatur abkühlen lassen und über Nacht in den Kühlschrank stellen. Das fest gewordene Fett von der Oberfläche abnehmen.

Hühnersuppe mit Risoni

Die Brühe aufkochen und die Risoni zufügen. Die Pasta ca. 5 Minuten kochen. Karotten und Sellerie in dünne Scheiben schneiden. Nach der halben Garzeit Gemüse und Hühnerfleisch zum Erwärmen mit in die Suppe geben. Die Suppe mit geriebener Zitronenschale, etwas frischem Dill und Petersilie servieren.

TIPP:

Brühe und Fleisch können für unzählige Gerichte verwendet werden, vor allem aber als Basis für Suppen und Saucen und für Risotto oder Couscous. Experimentieren Sie einfach mit Ihren Lieblings-Geschmacksrichtungen.

WERFEN SIE KEIN ESSEN WEG!

Obwohl wir Essen nicht gerne wegwerfen, tun wir es trotzdem. Warum? Einige der Erklärungen sind vermutlich schlechte Planung, Schusselei und Unwissen. Ich glaube, es wäre schon viel gewonnen, wenn alle den Unterschied zwischen „mindestens haltbar bis" und „zu verbrauchen bis" lernen würden. „Mindestens haltbar bis" bedeutet nicht, dass die Ware weggeworfen werden muss, sobald dieses Datum überschritten wurde, sondern dass der Produzent bis zu diesem Datum Top-Qualität garantiert. Danach kann eine Verschlechterung der Qualität vorkommen, aber in den allermeisten Fällen kann man das Lebensmittel auch nach diesem Datum noch essen. Riechen und probieren Sie, bevor Sie wegwerfen. Bei Milchprodukten ist es einfach: Riechen

und schmecken sie schlecht, dann ab in den Müll. Genauso ist es mit Eiern, die viel, viel länger halten als bis zum Mindesthaltbarkeitsdatum. Weißer Schimmel auf Käse kann weggeschnitten werden. Gemüse und Obst werden nicht ungenießbar, nur weil sie nicht mehr aussehen wie aus einem Stillleben genommen. „Zu verbrauchen bis" wird dagegen bei empfindlichen Lebensmitteln wie vakuumverpacktem Schinken oder gebeiztem Fisch verwendet. Diese Art von Lebensmitteln soll nicht nach dem Verfallsdatum gegessen werden, weil es gesundheitsschädlich sein kann.

Was also tun, um den Ausschuss zu minimieren? Kaufen Sie Waren nach Saison, dann sind sie am besten und halten lange. Bewahren Sie Ihre Essensreste überlegt auf: im Kühlschrank, wenn Sie es innerhalb von ein paar Tagen aufessen wollen, andernfalls im Gefrierschrank. Kaufen Sie nicht mehr Essen, als Sie brauchen. Wenn Sie nicht weit von einem Supermarkt entfernt wohnen: Es ist ein Mythos, dass man durch Großeinkäufe etwas spart. Achten Sie darauf, immer gute Basiswaren zu Hause zu haben. Dann ist es einfacher, gute Gerichte aus Resten zuzubereiten.

Manchmal ist der Kühlschrank voller kleiner Reste, die alle für sich nicht für eine Mahlzeit reichen, aber zusammen ein gutes Abendessen ergeben. Kombinieren Sie die Reste mit grünem Salat, Sprossen, Samen oder Nüssen, Fleischaufschnitt oder den Resten des gestrigen Hähnchens, Fleisches oder Fisches. Komponieren Sie nahrhafte Salate, mixen Sie leckere Omelettes oder Nudelgerichte zusammen. Wenn die Reste Verstärkung brauchen, funktionieren

z. B. die Gerichte in diesem Abschnitt ausgezeichnet als Ergänzung. Einen Teil der kleinen Gerichte in diesem Kapitel kann man gut einzeln servieren, aber am allerbesten sind sie in Kombination mit anderen, kleineren Gerichten oder Resten. Stellen Sie sich ein Alltagsbuffet zusammen, nehmen Sie sie als Lunchpaket mit ins Büro oder gönnen Sie sich mitten unter der Woche eine kleine Vorspeise. Viele Gerichte schmecken übrigens kalt genauso gut wie warm.

Ein anderer Tipp, um Reste oder eigentlich jedes Essen zu verfeinern, ist, viele frische Kräuter zu benutzen – das wirkt Wunder! Kräuter sind vielseitig verwendbar und gesund: Würzen und dekorieren Sie Brote, geröstetes Wurzelgemüse, Omelettes, Pasta, Salate, Suppen und Kräutersalz. Mixen Sie Dips und Pestos. Ich habe immer frische Kräuter zu Hause. Im Sommer pflücke ich sie im Garten. Im Winter habe ich eine kleine Sammlung am Küchenfenster, und im Gefrierschrank liegen die Reste der Sommerernte. Zu meinen absoluten Favoriten gehört Basilikum, aber wenn ich mich für ein einziges Kraut entscheiden müsste, wäre es Minze. Sie ist schwer zu zügeln und überwuchert gern den ganzen Garten, aber wenn man das Wurzelsystem zurückschneidet, hat man es im Griff. Rosmarin, Salbei, Schnittlauch und Thymian gibt es in meinem Garten immer. Robuste Kräuter, die meistens auch den Winter in Nordeuropa überleben.

Pastinake mit Zitronenglasur

4 PORTIONEN

Pastinaken sind vielleicht kein aufregender Anblick, aber ich liebe dieses unscheinbare Wurzelgemüse wirklich. Mit Fantasie und Liebe kann man Süße und ein bisschen schöne Farbe hervorlocken und mit ein paar Tropfen Zitronensaft verschwindet jede eventuelle Fadheit.

Pastinaken sind mild, haben aber einen ganz eigenen Geschmack. Im Ofen geröstet und mit Zitronengeschmack werden sie zur leckersten Beilage des Winters.

Pastinaken:
- 500 g kleine Pastinaken
- Saft und Schale von 1 Zitrone
- 50 ml Olivenöl
- 2 EL Honig
- Salz und Pfefferkörner
- 65 g Haselnüsse

Dressing:
- 1 Eigelb
- 1 EL Dijonsenf
- 1 Knoblauchzehe
- 1 EL frisch geriebener Ingwer
- Salzflocken und frisch gemahlener schwarzer Pfeffer
- 100 ml Olivenöl
- 2 EL Petersilie

Den Ofen auf 225 °C vorheizen. Die Pastinaken schälen und in lange Spalten schneiden. Zitronensaft und -schale, Öl, Honig, Salz und Pfeffer in einer kleinen Schüssel vermischen. Die Pastinaken in eine feuerfeste Form legen und mit der Ölmischung bestreichen. Ca. 20 Minuten im vorgeheizten Ofen garen.

Für das Dressing Eigelb und Senf vermischen. Den Knoblauch schälen und pressen, den Ingwer reiben und beides in die Senfmischung einrühren. Salzen und pfeffern. Das Olivenöl nach und nach einrühren. Die Petersilie hacken und unterrühren.

Die Nüsse bei mittlerer Hitze in einer Pfanne ohne Zugabe von Fett rösten. In ein sauberes Handtuch geben und die Schalen abreiben. Die Nüsse grob hacken und über die Pastinaken streuen.

Karotten mit Estragon und goldbraunen Brotkrumen

Ein herrlich leckeres Frühsommergericht aus zartem jungen Gemüse, aber auch fantastisch mit etwas gröberen Winterkarotten. Falls Sie große Karotten verwenden, ist es am besten, sie in Stifte zu schneiden. Wenn Sie cremiges Gemüse mögen, können Sie 50–100 g Schlagsahne zufügen und ein paar Minuten einkochen lassen, bevor Sie Zwiebeln und Estragon dazugeben.

4 PORTIONEN

8–12 mittelgroße Karotten
1 Schalotte
2 EL Butter
100 ml Orangensaft
2 EL Apfelessig oder Zitronensaft
Salz und Pfeffer
Knapp 2 EL frischer Estragon
100 g grob geriebenes Sauerteigbrot
1 EL Olivenöl

Junge Karotten waschen und putzen. Gröbere Karotten schälen. Die Schalotte schälen und fein hacken. 1 EL Butter in einer Pfanne erhitzen. Die Karotten darin karamellisieren lassen. Orangensaft und Essig oder Zitronensaft zugießen und einkochen lassen. Die restliche Butter zufügen, salzen und pfeffern. Die Pfanne vom Herd nehmen, Estragon und Zwiebel zufügen.

Die Brotkrumen in eine Pfanne geben, mit etwas Olivenöl beträufeln und salzen. Vermischen und bei mittlerer Hitze in ein paar Minuten goldbraun braten.

Die Karotten auf einen Teller geben und mit den Brotkrumen bestreuen.

Blumenkohl-Polonaise

Nehmen Sie am besten richtig kleine, kompakte Kohlköpfe. Unmengen an herrlichen Aromen – und außerdem ist das Gericht sehr sättigend. Servieren Sie dazu am besten frisch gekochte neue Kartoffeln und kalten Aufschnitt.

4 PORTIONEN

- 3 Eier
- 100 g Panko (japanisches Paniermehl) oder älteres Sauerteigbrot ohne Rinde
- 100 g Butter
- 2 EL Oliven- oder Rapsöl
- 1 TL ganzer Kümmel
- Salzflocken und schwarzer Pfeffer
- ½ TL Paprikapulver, am besten Pimentón
- 4 kleine Blumenkohlköpfe oder 1 großer
- 40 g fein gehackte Petersilie
- Evtl. 20 g fein gehackter Liebstöckel

Die Eier hart kochen und hacken. Das Brot reiben, falls Sie Sauerteigbrot verwenden.

Butter und Öl in einer Pfanne erhitzen. Kümmel zufügen und rühren, bis die Butter nicht mehr zischt. Panko oder Brotkrumen einrühren und goldbraun braten. Salzen, pfeffern und mit Paprika würzen. Die Brotkrumen in eine Schüssel geben.

Den Blumenkohl in gesalzenem Wasser in ca. 5–10 Minuten bissfest kochen. Den Kohlkopf in Viertel schneiden, falls ein großer verwendet wird.

Die Brotkrumen mit Ei, Petersilie und evtl. Liebstöckel vermischen. Den Blumenkohl mit dem Eierhack servieren.

Kürbis mit Spinat und Reis

Ein aromatisches Gericht mit asiatischen Einflüssen. Der geschmorte Kürbis funktioniert fantastisch als Hauptgericht und schmeckt am allerbesten mit Jasminreis. Aber er ist auch lecker als Beilage zu anderem Gemüse, Fleisch oder Fisch.

Den Reis nach Packungsanweisung kochen. Den Kürbis schälen und in kleinere Stücke schneiden. Öl in einer Pfanne erhitzen. Den Kürbis braten, bis er etwas Farbe bekommt. Die Hitze reduzieren, Sojasauce und Zucker zufügen. Zugedeckt sieden lassen, bis der Kürbis fast ganz weich ist. Ingwer und Knoblauch schälen, fein hacken und in die Pfanne geben. Spinat zufügen und zusammenfallen lassen. Das Kürbisgemüse auf dem Reis servieren und mit Sesam bestreuen. Den Sesam nach Belieben auch rösten.

4 PORTIONEN

- 4 Portionen Jasminreis oder anderer Reis
- 500 g Kürbis
- 2 EL Oliven- oder Rapsöl
- 100 ml japanische Sojasauce
- 1 EL heller Muscovadozucker
- 1 EL fein gehackter Ingwer
- 1 Knoblauchzehe
- 400 g Babyspinat
- 1–2 EL Sesam

 45

Pilz-Piroggen

Machen Sie eine große Portion fantastische Piroggen! Im Teig verbergen sich herrlich gewürzte Champignons, Mais, Oliven und ein paar Rosinen. Die scharfe Salsa passt perfekt dazu.

Den Ofen auf 225 °C vorheizen. Das Wasser aufkochen und die Butter im heißen Wasser schmelzen. Mehl, Zucker und Salz in einer Schüssel vermischen. Das heiße Wasser untermischen und alles zu einem geschmeidigen Teig verarbeiten. Den Teig zu 30 ca. 3 mm dicken Fladen ausrollen. Die Teigplatten zwischen leicht bemehlten Backpapierbögen ruhen lassen.

Die Kartoffeln schälen und in 1 cm große Würfel schneiden. Zwiebeln und Pilze fein hacken und im Öl braten. Mit Paprika, Chili, Kümmel, Zucker, Salz und Pfeffer würzen. Dann die Kartoffelwürfel und den Mais einrühren. Den Brühwürfel hineingeben. Wasser zufügen und alles köcheln lassen, bis die Kartoffeln gar sind. Evtl. vorhandene Flüssigkeit abgießen.

Rosinen und Oliven in die Gemüsemischung einrühren. Dann jede Teigplatte mit 1–2 Löffeln der Mischung füllen. Die Ränder zur Mitte hin nach oben falten und zu einer hübschen Kante zusammendrücken. Die Piroggen auf ein Blech mit Backpapier legen und mit verquirltem Ei bestreichen. In ca. 20 Minuten goldbraun backen.

Für die Salsa die Pflaumentomaten ein paar Sekunden in kochendes Wasser tauchen, dann mit kaltem Wasser abschrecken. Die Tomaten schälen, hacken und in eine Schüssel geben. Zwiebel, frischen Chili nach Geschmack und Knoblauchzehen hacken und zu den Tomaten geben. Mit Olivenöl und Limettensaft vermischen. Mit Salz, etwas Zucker und Oregano würzen. Den Koriander hacken und untermischen. Die Salsa bei Zimmertemperatur ziehen lassen.

CA. 30 PIROGGEN

Teig:
600 ml Wasser
200 g Butter
1 kg Weizenmehl
1 EL Zucker
½ TL Salz

Füllung:
500 g festkochende Kartoffeln
2 große Zwiebeln
750 g Pilze, z.B. Champignons
100 ml Olivenöl
1 EL Paprikapulver
1 EL Chilipulver
1 TL Kümmel
1 EL Zucker
Salz und schwarzer Pfeffer
200 g Mais, am besten tiefgefroren
1 Gemüse- oder Hühnerbrühwürfel
200–300 ml Wasser
50 g Rosinen
200 g schwarze Oliven, entkernt
1 Ei zum Bestreichen

Scharfe Salsa:
8–10 Pflaumentomaten
1 Zwiebel
1–2 frische rote Chilischoten nach Geschmack
2–4 Knoblauchzehen
50–100 ml Olivenöl
Saft von 2 Limetten
Salz
Zucker
Oregano
Frischer Koriander

ost konstverk i liten upplaga,
at, när kostnaderna rasade iväg.
nniskor, som var kloka, kunde se och
igt unik konst skulle uppleva detta
känkte jag bort mina exemplar till
Eriksson, som är en av vårt lands
onstnärsgjorda böcker, fick en
d av beundran. Vi var överens,
största internationella vikt.
Klassons fotografier spökade
te lämna bildfältet. Hon måste
närbilde
nytt s
r så att ett tomrum
g. Och där kommer
självlysande. Jag har aldrig upplevt en
människa med en sådan aura. Allt blev
så högtidligt att jag med ens stumna-
de. Det var Eva Klasson, som kommit
för att återse sina fotografier. Hon stod
alldeles framför mig under resten av
mitt tal. Jag kommer inte ihåg vad jag
sade.
Tillsammans gick vi genom hela
utställningen och hon berättade om

Risotto mit Ackerbohnen und Parmesan

Servieren Sie das Risotto dampfend heiß in einer angewärmten Schüssel. Spülen Sie Reis, der für Risotto verwendet werden soll, nie ab, sonst waschen Sie die Stärke ab, die den Reis klebrig macht. Die Ackerbohnen haben einen milden, nussigen Geschmack und passen auch gut in Suppen, Eintöpfe, Salate und Pastagerichte. Aber am allerbesten schmecken sie in diesem Risotto.

4 PORTIONEN

250 g Ackerbohnen (ca. 800–1000 g Schoten)
1 Zwiebel
1 Knoblauchzehe
3 EL Olivenöl
250 g Arborio-Reis
100 ml Weißwein
1 l heiße Hühner- oder Gemüsebrühe
2 EL Butter
Saft und fein geriebene Schale von 1 Zitrone
Ca. 50 g geriebener Parmesan
Frische Minze
Olivenöl zum Beträufeln

Die Bohnen von den Hülsen befreien, in kochendem Salzwasser aufkochen und ca. 5 Minuten sieden lassen. Abtropfen und abkühlen lassen. Die Bohnen aus den Schalen drücken.

Zwiebel und Knoblauch fein hacken und in Olivenöl weich dünsten. Den Reis zufügen und rühren, bis der Reis glasig ist. Die Temperatur erhöhen, den Wein zugießen und bis auf die Hälfte einkochen lassen. Dann nach und nach die Brühe unter ständigem Rühren zufügen. Ca. 15–20 Minuten kochen und rühren, bis der Reis al dente ist. Butter, Zitronensaft, den Großteil der Zitronenschale, den Käse und die Bohnen zufügen. Mit noch etwas Käse, Zitronenschale und Minze bestreuen und am besten mit etwas Olivenöl beträufeln.

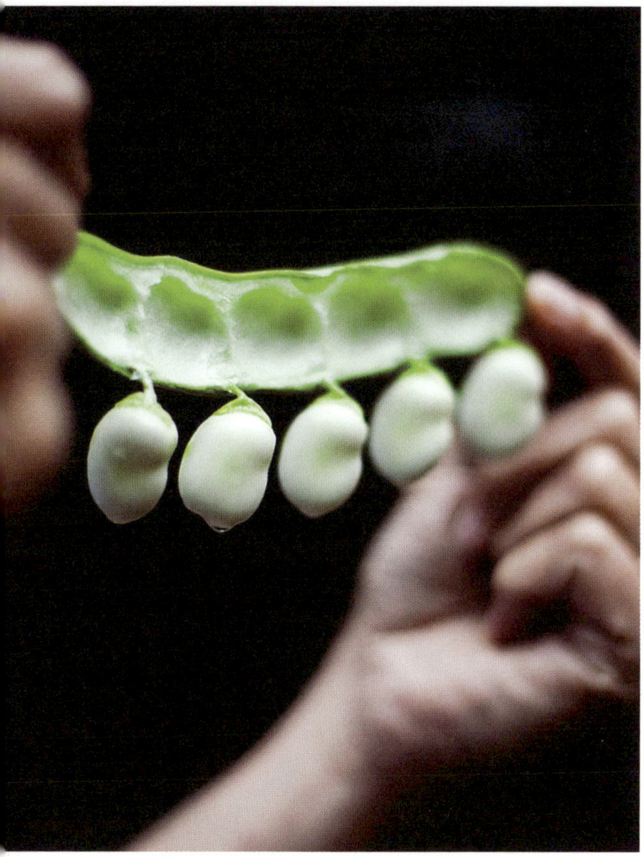

Gebackener Knollensellerie mit selbstgemachter Kräuterbutter

Sellerie ist zwar nicht gerade hübsch, verbirgt aber eine herrliche Palette an Geschmäckern und kann sowohl roh als auch gegart verzehrt werden. Wenn man Knollensellerie im Ofen backt, geht das natürlich schneller, wenn die Knollen nicht allzu groß sind. Machen Sie es wie ich und würzen Sie die Butter mit Salz, Zitronenschale, Kräutern und essbaren Blumen. Oder wählen Sie einen ganz anderen Geschmack, vielleicht Knoblauch, Schnittlauch oder Basilikum? Schneiden Sie die Knolle kreuzweise tief ein und drücken Sie die Butter in die Spalten.

4 PORTIONEN

4 kleine Sellerieknollen
Ca. 500 g grobes Salz

Zitronenbutter:
500 g Schlagsahne (ergibt ca. 100 g fertige Butter)
50 ml Schwedenmilch
½–1 TL Salzflocken
Würzmischung: z.B. 2 TL fein geriebene Zitronenschale, fein gehackter Thymian, Lavendel, Ringelblumen und Rosen

Den Ofen auf 200 °C vorheizen. Die Sellerieknollen putzen und abspülen. Das Kraut abschneiden. Das Salz in eine feuerfeste Form geben. Die Sellerieknollen mit der Schnittfläche nach unten hineinstellen. Je nach Größe 1–3 Stunden backen. Mit einem Stäbchen oder einer Gabel fühlen, ob der Sellerie fertig ist. Er soll sich weich anfühlen wie eine fertige Backkartoffel.

Sahne und Schwedenmilch schlagen, bis sich kleine Butterkugeln bilden und die Molke sich absetzt. Die Butter sieht jetzt aus wie Hüttenkäse und liegt in einer trüben Flüssigkeit. In einem Sieb abtropfen lassen. (Die Molke kann man als Teigflüssigkeit zum Brotbacken verwenden.) Die letzte Flüssigkeit mithilfe eines sauberen Geschirrtuchs herausdrücken. Nach eigenem Geschmack würzen und im Kühlschrank bis zu 5 Tagen aufbewahren.

Den Sellerie mit der Butter servieren.

TIPP:

Selleriekraut verleiht Gemüsebrühe einen tiefen und deftigen Geschmack. Frieren Sie es am besten ein und holen Sie es heraus, wenn Sie das nächste Mal Brühe kochen.

Malfatti con burro e salvia

Malfatti ist italienisch und bedeutet missglückt, schlecht oder schlampig gemacht. Es sind Frischkäsebällchen, die an besonders weiche Gnocchi erinnern. Traditionell werden Malfatti mit zerlassener Butter serviert, aber sie schmecken auch super mit einer einfachen Tomatensauce und Basilikum. Sie können Ihre Spinatbällchen auch in eine gefettete feuerfeste Form legen, mit Parmesan bestreuen und bei 200 °C ca. 5 Minuten gratinieren, bis der Käse Farbe bekommt.

4–6 PORTIONEN

Bällchen:
300 g Babyspinat
1 Zwiebel
1 Knoblauchzehe
25 g Butter
250 g Ricotta
50 g fein geriebener Parmesan
1 Ei
1 Eigelb
60 g Weizenmehl
Salz und Pfeffer
1 Pr frisch geriebene Muskatnuss

Salbeibutter:
150 g Butter
12–20 frische Salbeiblätter
Salzflocken
Schwarzer Pfeffer
Parmesan

Den Spinat waschen. Bei schwacher Hitze in einem Topf weich dämpfen, ggf. etwas Wasser zufügen. Den Spinat abtropfen lassen und die Flüssigkeit sorgfältig herauspressen. Anschließend grob hacken. Zwiebel und Knoblauch schälen, fein hacken und in der Butter glasig dünsten. Den Spinat untermischen und ein paar Minuten braten. Abkühlen lassen. Ricotta, Spinat und Parmesan in einer Schüssel vermischen. Ei und Eigelb leicht verquirlen und einrühren. Nach und nach etwas Mehl unterrühren, bis ein recht weicher Teig entstanden ist. Wenn er zu flüssig ist, noch etwas Mehl zufügen, aber er soll klebrig und schwer sein. Mit Salz, Pfeffer und Muskat abschmecken.

Salzwasser in einem großen Topf aufkochen. Den Teig mit bemehlten Fingern oder mithilfe von zwei Esslöffeln zu wahlnussgroßen Bällchen formen und diese mit einem Löffel ins kochende Wasser geben. Die Malfatti sind gar, wenn sie an die Oberfläche kommen. Mit einem Schaumlöffel herausholen und in einem Sieb oder auf Küchenpapier abtropfen lassen.

Die Butter bei schwacher Hitze in einem Topf zerlassen, bis sie etwas Farbe bekommt. Salbei zufügen und die Blätter in der Butter knusprig werden lassen. Die Salbeibutter über die Malfatti gießen. Mit Salzflocken, frisch gemahlenem schwarzen Pfeffer und noch etwas Parmesan bestreuen.

Quittenbrot

Ein wunderbar einfaches Rezept. Es braucht zwar etwas Zeit, aber der Arbeitseinsatz ist sehr gering. In Spanien wird Quittenbrot, Dulce de Membrillo, zu Manchego serviert. Aber es schmeckt genauso lecker zu italienischem Pecorino oder anderen Schafs- oder Ziegenkäsen. Wenn ich ganz ehrlich bin, esse ich mein Quittenbrot zu jeder Art von Käse. Sogar auf dem Frühstücksbrot zu einer dicken Scheibe Gouda.

Für 4 große Quitten braucht man 1 Vanillestange, Schale und Saft von 1 Zitrone und Zucker entsprechend der fertigen Menge Püree (siehe Rezepttext).

Die Früchte abwaschen und trockenreiben, vierteln und entkernen, aber nicht schälen. Die Vanillestange der Länge nach halbieren und das Mark herauskratzen. Quitten, Vanillestange und -mark sowie Schale und Saft von 1 Zitrone in einen Topf geben und mit Wasser übergießen, bis es 2 cm über die Früchte reicht. 1 Stunde kochen lassen. Die Quitten in ein Sieb geben. Die Flüssigkeit aufheben. Die Schalenreste enfernen und das Fruchtfleisch pürieren. Abmessen, wieviel Quittenmus vorhanden ist, die gleiche Menge an Zucker zufügen und vermischen. Zu jeweils 200 ml Fruchtpüree 1 EL Zitronensaft zufügen. Die Quittenmasse mit der abgetropften Flüssigkeit erneut aufkochen und 2–3 Stunden köcheln lassen. Dabei oft umrühren, damit nichts anbrennt. Das Quittenbrot ist fertig, wenn die Masse orangerot und zähflüssig ist.

Ein geöltes Butterbrotpapier in eine Form legen. Die Masse hineingießen und im Kühlschrank fest werden lassen. Das Quittenbrot ist nach ca. 12 Stunden fertig.

Hagebutten-Pflaumen-Chutney

Hagebutte, Chili, Zitrone, Vanille und Pflaume sind würzige und herbstliche Begleiter zu geröstetem Wurzelgemüse und Wildbraten. Das Chutney ist außergewöhnlich und sieht schön aus, also machen Sie ein paar Gläser mehr zum Verschenken! Vermeiden Sie Juckreiz an den Händen, indem Sie beim Entkernen der Hagebutten Gummihandschuhe tragen – nicht umsonst haben wir als Kinder „Juckpulver" zu den Hagebuttenkernen gesagt.

CA. 1 LITER

- 350 g Hagebutten
- 1 rote Chili
- 270 g heller Muscovadozucker
- Saft und Schale von 1 Zitrone
- 1 Vanillestange
- 10 Pflaumen

Die Hagebutten halbieren und die Kerne mit einem kleinen Löffel herausholen. Die Chili ebenfalls halbieren und entkernen. Hagebutten, Chili, Zucker sowie Zitronensaft und -schale in einem Topf mit dickem Boden aufkochen und unter Rühren ca. 10 Minuten sieden lassen.

Die Vanillestange der Länge nach halbieren und das Mark herauskratzen. Die Stange in kleinere Stücke schneiden und Mark sowie Stangenstücke in den Topf geben. Die Mischung bei schwacher Hitze köcheln lassen, währenddessen die Pflaumen entkernen und in kleinere Stücke schneiden. Die Pflaumen untermischen und alles aufkochen lassen. Das Chutney in saubere Gläser füllen und im Kühlschrank aufbewahren.

 56

Blutorangenmarmelade

Ich bin verrückt nach Blutorangen und nutze die Zeit zwischen Januar und April, wenn es sie zu kaufen gibt, voll aus. Es gibt verschiedene Sorten mit Geschmacksnuancen von sehr säuerlich und etwas beerig bis hin zu unglaublich süß mit sehr wenig Säure. Eine gute Art, den Genuss zu verlängern, ist es, diese einfache und unglaublich leckere Marmelade zu machen. Man kann sie auch mit ganzen Nelken, Zimt, Kardamom oder geriebenem Ingwer würzen.

5–6 Blutorangen
1 Vanillestange
2 Sternanis
570 g Gelierzucker

Die Orangen waschen und abtrocknen. 3 Orangen mit einem Sparschäler schälen. Die Schalenstreifen sollten dünn sein, mit möglichst wenig weißer Innenschale. Alle Orangen von der weißen, bitteren Innenschale befreien. Die Orangen in kleinere Stücke schneiden und die Kerne entfernen. Fruchtfleisch und Schale in einen Topf geben. Mit einem Pürierstab zerkleinern. Die Vanillestange der Länge nach halbieren und das Mark herauskratzen. Stange und Mark zusammen mit Sternanis in den Topf geben und die Orangen aufkochen. Gelierzucker zufügen und abhängig von der Weite des Topfes 30–45 Minuten kochen. Die Marmelade in saubere Gläser füllen. Ganz abkühlen lassen und erst dann den Deckel schließen.

TIPP:

Machen Sie eine Gelierprobe, um zu sehen, ob die Marmelade fertig ist: Etwas Marmelade auf einen kalten Teller geben. Mit einem Löffel durch den Klecks fahren. Wenn die Spur, die sich bildet, nicht sofort wieder zusammenläuft, ist die Marmelade fertig. Die Kochzeit hängt unter anderem davon ab, wie groß und saftig die Orangen sind. Beginnen Sie nach ca. 20 Minuten mit dem Test. Die Marmelade auf dem Foto habe ich 30 Minuten kochen lassen.

Spargelfrittata

Frittata ist das perfekte „Man-nimmt-was-man-hat"-Gericht. Die Variationsmöglichkeiten sind unendlich. Servieren Sie sie heiß oder zimmerwarm auf einem Buffet. Zwiebeln, Kartoffeln, Pasta, alle Arten von Gemüse, Meeresfrüchte, Fisch oder Fleisch – alles passt in eine Frittata. Geizen Sie nicht mit Käse, gerade er macht den Unterschied aus zwischen einem normalen Omelette und der leckeren italienischen Variante. Denken Sie daran, dass der Griff der Pfanne feuerfest sein muss.

4 PORTIONEN

- 3 Knoblauchzehen
- 1 mittelgroße Zwiebel
- 1 große rote Paprika
- 2 EL Olivenöl
- 12–16 Stangen grüner Spargel
- 6 Eier
- 100 g Schlagsahne
- 1 EL geriebene Zitronenschale
- 1 EL grob gehackter frischer Oregano
- 1 TL fein gehackter frischer Rosmarin
- Salz und frisch gemahlener schwarzer Pfeffer
- 2 EL Butter
- Ca. 250 g Mozzarella in Scheiben

Knoblauch, Zwiebel und Paprika fein hacken. Das Öl in einer Pfanne erhitzen und das Gemüse bei schwacher Hitze ca. 10 Minuten dünsten, bis die Zwiebel etwas Farbe bekommen hat. Beiseitestellen. Den Spargel in 3 cm lange Stücke schneiden. In kochendes Salzwasser geben und 2–3 Minuten kochen lassen. Mit kaltem Wasser abschrecken. Den Ofen auf höchste Stufe stellen, Ober-/Unterhitze oder Grill. Ei und Sahne verquirlen. Zitronenschale, Zwiebelmischung, Oregano, Rosmarin und Spargel zufügen. Salzen und pfeffern. Die Butter in der Pfanne schmelzen lassen und die Frittata hineingießen. Bei mittlerer Hitze braten, bis die Eiermasse gestockt und die Frittata auf der Unterseite goldgelb ist. Zum Kontrollieren den Rand anheben. Den Mozzarella auf der Frittata verteilen, die Pfanne in den Ofen stellen und den Käse in 4–5 Minuten leicht goldbraun gratinieren. Die Frittata in Stücke schneiden und sofort servieren.

Frittierte Zucchiniblüten

Zum ersten Mal habe ich frittierte Zucchiniblüten in Forte dei Marmi in der Nordtoskana gegessen. Das Gemüse war dampfend heiß, der knusprige Teig luftig und leicht und der Inhalt, eine Mischung aus cremigem Ricotta und Mozzarella, lief auf den Teller. Das Gericht wurde mit ein paar Tropfen Zitronensaft und etwas Salz serviert. Einfach himmlisch! Wenn Sie Zucchiniblüten finden, müssen Sie dieses Gericht unbedingt ausprobieren.

4 PORTIONEN

- 12–16 Zucchiniblüten
- 125 g Mozzarella
- 125 g Ricotta
- 2 TL fein geriebene Zitronenschale
- Salz und Pfeffer
- 300 ml kaltes Mineralwasser
- 120 g Weizenmehl
- ½ TL Salz
- 1 Eiweiß
- 400 ml Sonnenblumenöl oder Frittieröl
- Salzflocken
- Zitronenspalten

Die Blüten abspülen und abtropfen lassen. Ständer und Staubbeutel entfernen.

Den Mozzarella in kleine Stücke schneiden und mit Ricotta und Zitronenschale vermischen. Salzen und pfeffern. Die Käsemasse in die Blüten füllen. Die Blüten verschließen, indem Sie die Spitzen der Blütenblätter zusammendrehen. Wasser, Mehl und Salz vermischen. Das Eiweiß steif schlagen und unter den Teig heben. Frittieröl in einer Fritteuse oder einem Topf auf dem Herd auf 180 °C erhitzen. Die Blüten in den Teig tauchen und in 1–2 Minuten goldbraun frittieren. Auf Küchenpapier abtropfen lassen. Mit Zitronenspalten und etwas Salz servieren.

Omelette mit Brunnenkresse, Tomate und Feta

Brunnenkresse ist pfeffrig, aromatisch und gesund. Leider ist sie schwer zu bekommen, aber man kann sie leicht selbst anbauen. In Butter gebratene Kresse ist perfekt zu meinem leckeren Omelette, aber Spinat passt auch gut. Die Tomaten habe ich selbst im Ofen getrocknet. Wenn Sie wollen, können Sie stattdessen auch frische oder sonnengetrocknete Tomaten aus dem Glas verwenden. Machen Sie keine größeren Omelettes als aus 2–3 Eiern, ansonsten werden sie leicht lederartig in der Konsistenz.

4 PORTIONEN

Ofengetrocknete Tomaten:
30 Kirschtomaten
2 TL Salzflocken
1 TL Rohrohrzucker
Frisch gemahlener schwarzer Pfeffer
1–2 EL Olivenöl
Evtl. frische Kräuter nach Wahl, z.B. Oregano oder Thymian

Füllung:
Ca. 250 g Brunnenkresse oder Spinat
1 EL Butter
Salz und Pfeffer

100 g Feta

4 Omelettes:
8–12 Eier
4–8 EL Wasser, Milch, Sahne oder Crème fraîche
Salz und frisch gemahlener schwarzer Pfeffer
4 EL Butter

Den Ofen auf 80 °C vorheizen. Ein Blech mit Backpapier belegen. Die Tomaten mit den übrigen Zutaten für die getrockneten Tomaten vermischen und auf das Blech geben. Die Tomaten im Ofen 3–4 Stunden oder länger trocknen lassen. Gegen Ende beobachten, damit sie nicht anbrennen.

Für die Füllung Brunnenkresse oder Spinat ein paar Minuten in der Butter braten, salzen und pfeffern. Beiseitestellen.

Den Feta in kleine Würfel schneiden.

Nacheinander vier Omelettes machen: Die Eier in eine Schüssel schlagen und mit der flüssigen Zutat und den Gewürzen leicht verrühren, nicht schlagen. 1 EL Butter in die Pfanne geben und richtig heiß werden lassen. Wenn sie nicht mehr zischt, die Masse hineingeben. Die Pfanne rütteln, sodass der Teig den Boden bedeckt. Weiter kräftig rütteln. Kurz bevor die Masse ganz gestockt ist, Brunnenkresse, Feta und Tomaten zufügen. Das Omelette doppelt falten und auf den Teller gleiten lassen.

Sofis

Ajvar

In meinem Kühlschrank steht immer ein Glas Ajvar. Nicht immer selbstgemachtes, aber meistens. Ajvar ist ein perfektes Würzmittel für Eintöpfe, Quiches, Suppen, Saucen, zu Pasta, Fleisch und vor allem Wurst. Und es ist ein guter Ersatz für Ketchup. Außerdem kann man es wunderbar in die Teigflüssigkeit mischen, wenn man Brot backt, oder als Basissauce für Pizza verwenden. Die Basis ist immer Paprika, aber man kann anderes Gemüse dazugeben, wie beispielsweise Aubergine. Es gilt, die perfekte Balance zwischen säuerlich, salzig und süß zu finden. Ich grille meistens halbierte Chilischoten mit den Paprikaschoten im Ofen, wodurch mein Ajvar relativ scharf wird.

CA. 500 ML (10 PORTIONEN)

1 Zwiebel
2 Knoblauchzehen
50 ml Olivenöl
5 rote Paprikaschoten
2 Auberginen
Evtl. 1–2 rote Chilischoten
50 ml Rotweinessig
1 TL Salzflocken
½ TL schwarzer Pfeffer
Evtl. Honig oder Agavendicksaft

Den Ofen auf höchste Stufe stellen. Zwiebel und Knoblauch schälen und fein hacken. 1 EL Olivenöl in einem Topf erhitzen und Zwiebeln sowie Knoblauch darin weich braten. Beiseitestellen. Paprikaschoten, Auberginen und evtl. Chilischoten der Länge nach halbieren. Das Gemüse mit der Schnittfläche nach unten auf ein Backblech legen. Im Ofen ca. 20 Minuten grillen, bis alles weich ist und die Schale Blasen wirft. Das Blech herausnehmen und das Gemüse für 10 Minuten mit einem feuchten, sauberen Geschirrtuch abdecken. Die Paprika häuten. Die Auberginen mit einem Löffel auskratzen. Das Gemüse in kleinere Stücke schneiden. Sämtliche Zutaten in einem Mixer bis zur gewünschten Konsistenz zerkleinern. Mit dem restlichen Öl, Essig, Salz, Pfeffer und evtl. etwas Honig oder Agavendicksaft würzen.

Melanzane alla parmigiana

Genau wie in Italien serviere ich seit vielen Jahren immer dieses Auberginengratin auf dem Weihnachtsbuffet. Es ist eines meiner Lieblingsgerichte geworden, also mache ich immer zwei große Formen. Es ist ein perfektes Gericht für alle, die kein Fleisch essen, und außerdem eine superleckere Beilage zum Weihnachtsschinken.

4–6 PORTIONEN

- 2 große Auberginen, ca. 1 kg
- 2–3 TL Salz
- Ca. 150 ml Olivenöl
- 375 g Mozzarella
- 1 Zwiebel
- 4 Knoblauchzehen
- 2 Dosen gehackte Tomaten à 400 g
- 1 Lorbeerblatt
- 1½ EL Zucker
- ½–1 TL Salz
- ½–1 TL schwarzer Pfeffer
- Ca. 40 g frische Basilikumblätter
- 100–200 g Parmesan

Die Auberginen der Länge nach in ca. 1 cm dicke Scheiben schneiden. Die Scheiben salzen und mit einem Gewicht beschweren. 1–3 Stunden stehen lassen. Anschließend die Scheiben auf Küchenpapier abtropfen lassen. In gut 100 ml Olivenöl goldbraun braten.

Den Mozzarella in Scheiben schneiden. Zwiebel hacken, Knoblauch pressen. Das restliche Olivenöl in einer Pfanne erhitzen und Zwiebel sowie Knoblauch darin dünsten, ohne dass sie Farbe bekommen. Tomaten, Lorbeerblatt, Zucker, Salz und Pfeffer zufügen. 10–15 Minuten einkochen lassen. Abschmecken und evtl. mehr Salz, Pfeffer oder Zucker zufügen. Das Lorbeerblatt herausnehmen und die Hälfte der Basilikumblätter untermischen.

Den Backofen auf 225 °C vorheizen. Etwas Tomatensauce in den Boden einer Auflaufform gießen. Eine Schicht Auberginen darauflegen und Sauce darübergeben. Mozzarellascheiben, das restliche Basilikum, Sauce und Aubergine daraufschichten und mit der restlichen Sauce abschließen. Den Parmesan reiben und darüberstreuen. Im Ofen 20–30 Minuten backen, bis der Käse goldbraun ist. Das Gericht schmeckt sowohl warm als auch kalt.

Lauwarmer Salat aus Roter Bete, Ackerbohnen, Pancetta und Agretto

Das grüne Kraut Agretto habe ich diesen Sommer in Gustav und Marie Mandelmanns Gärten in Österlen (im Südosten Schwedens) gefunden. Es sieht aus wie ein Mittelding zwischen kräftigem Dill und Schnittlauch, aber der Geschmack ist ganz anders: Frisch, knackig und etwas salzig. Schneiden Sie die Wurzel ab, putzen Sie die Stängel und schneiden Sie sie in kleinere Stücke. Ich habe sie kurz in ein bisschen Fett angebraten, das von ein paar Scheiben Pancetta in der Pfanne übrig war. Ein bisschen Pfeffer und etwas frisch gepresster Zitronensaft. Oh, wie lecker! Man kann es in Salate mischen, zu Fisch, gegrilltem Fleisch oder wie hier zu Roter Bete und großen leckeren Ackerbohnen servieren. Es ist nicht so einfach, Agretto zu bekommen, aber man kann die Samen im Internet bestellen, und laut Gustav Mandelmann kann man es relativ leicht selbst anbauen. Falls Sie es nicht finden, können Sie es auch durch Grünkohl oder Spinat ersetzen.

4 PORTIONEN

Salat:
- Ca. 250 g Ackerbohnen (ca. 800–1000 g Schoten)
- 12–16 Rote Beten
- 150 g Pancetta oder Bacon
- 300 g Agretto, dünn geschnittener Grünkohl oder Spinat

Marinade:
- 75 ml Olivenöl
- 2 EL Sherryessig oder anderer Essig
- 2 TL flüssiger Honig
- Salz und frisch gemahlener schwarzer Pfeffer

Frische Minze
Zitronenspalten

Die Bohnen von den Hülsen befreien, Salzwasser in einem Topf aufkochen. Die Bohnen im Salzwasser aufkochen und ca. 5 Minuten sieden lassen. Abtropfen und abkühlen lassen. Die Bohnen aus den Schalen drücken.

Die Roten Beten putzen und bissfest kochen oder im Ofen garen (siehe Seite 74). Die Schale unter fließendem Wasser abreiben, solange die Roten Beten noch warm sind. Die Beten in kleinere Stücke schneiden. Den Pancetta in kleine Stücke schneiden, knusprig braten und auf Küchenpapier abtropfen lassen. Den Agretto abspülen und verlesen, die Wurzel abschneiden. Im Pancettafett oder in Öl braten.

Die Zutaten für die Marinade verrühren und über den Salat geben. Mit frischen Minzblättern und Zitronenspalten servieren.

Rote-Bete-Risotto mit gepökeltem Dorsch und Dillblütencreme

Knusprig, süß und rot – das beste Risotto ever! Der zarte, süße und gleichzeitig salzige Dorsch ist dazu himmlisch. Die Dillblütensauce, cremig, scharf und säuerlich, ist eine fantastische Beilage zum gepökelten Dorschfilet und dem Risotto. Probieren Sie es aus – Sie werden es nicht bereuen.

4 PORTIONEN

Dillblütencreme mit Zitrone und Meerrettich:
200 g Crème fraîche
2 EL fein geriebener Meerrettich
2 Dillblütenstände, fein gehackt
Fein geriebene Schale von 1 Zitrone
Salz und schwarzer Pfeffer

Risotto:
6–8 Rote Beten
800–900 ml Gemüse- oder Hühnerbrühe
1 Zwiebel
2 EL Butter
1 EL Olivenöl
250 g Arborio-Reis
200 ml trockener Weißwein
Salz und schwarzer Pfeffer
Ca. 100 g geriebener Parmesan

Gepökelter Dorsch:
2 EL Zucker
4 EL Salz
1 l Wasser
Ca. 800 g Dorschfilet
2 EL Olivenöl

Sämtliche Zutaten für die Creme vermischen und bis zum Servieren kalt stellen.

Den Ofen auf 225 °C vorheizen. Die Roten Beten waschen und im Ganzen mit Schale 30–40 Minuten im Ofen backen, bis sie sich gar anfühlen – sie sollten noch etwas Biss haben. Etwas abkühlen lassen, schälen und in kleine Stücke schneiden. Dies kann bereits am Vortag erledigt werden.

Die Brühe in einem Topf erhitzen.

Die Zwiebel schälen und fein hacken. 1 EL Butter und Olivenöl in einem Topf erhitzen und die Zwiebel darin weich dünsten. Reis zufügen und unter Rühren glasig dünsten. Nach und nach den Wein zugießen, sorgfältig rühren und vom Reis aufsaugen lassen. Die Roten Beten untermischen. Nach und nach Brühe zufügen. Mit Salz und Pfeffer würzen. Den Topf von der Platte nehmen und den Deckel schließen. Bis hierhin kann man das Gericht vorbereiten. Wenn der Dorsch allmählich fertig ist, die restliche Butter und den frisch geriebenen Parmesan einrühren. Mit Salz und Pfeffer abschmecken.

Zubereitung des Dorsches: Zucker und Salz in kaltes Wasser einrühren. Das Dorschfilet in 4 gleich große Stücke schneiden. Die Fischstücke mindestens 30 Minuten ins Wasser legen. Den Ofen auf 175 °C vorheizen. Den Fisch mit Küchenpapier abtupfen. Olivenöl in eine feuerfeste Form geben und den Fisch hineinlegen. Den Fisch im vorgeheizten Ofen backen, bis die Innentemperatur ca. 45 °C beträgt. Die Zeit kann abhängig von der Größe des Fisches variieren.

Der Fisch wird gepökelt, damit das Fleisch fester wird und nicht zerfällt.

Rote-Bete-Bratlinge mit Ziegenkäsecreme

Knallig rubinrote, knusprige Bratlinge. In aller Einfachheit eine perfekte Geschmackscombo. Die Granatapfelkerne fügen Süße und Säure hinzu, sind aber kein Muss.

6 PORTIONEN

Rote-Bete-Bratlinge:
200 g Kartoffeln
500 g Rote Beten
100 g rote Linsen
1 Zwiebel
2 Eier
1 EL Weizen- oder Maismehl
Salz und Pfeffer
2 EL Butter oder Öl

Ziegenkäsecreme:
100 g Ziegenfrischkäse
300 g Crème fraiche
1 TL frisch gepresster Zitronensaft
Salz und Pfeffer

Zum Servieren:
Pasta
Granatapfelkerne
Minze

Kartoffeln und Rote Beten schälen. Die Kartoffeln, die Hälfte der Beten und die Linsen jeweils für sich kochen. Die restlichen Beten grob reiben. Die Zwiebel klein schneiden. Die Kartoffeln stampfen und die Linsen pürieren. Gekochte und rohe Rote Beten, Kartoffeln, Linsen, Zwiebel und Eier mit Mehl, Salz und Pfeffer vermischen. Wenn der Teig zu weich ist, etwas mehr Mehl zufügen. Bratlinge formen und in Butter oder Öl braten.

Den Käse für die Ziegenkäsecreme mit einer Gabel grob zerdrücken und mit Crème fraiche vermischen. Mit Zitronensaft, Salz und Pfeffer abschmecken.

Die Bratlinge mit gekochter Pasta, Ziegenkäsecreme und Granatapfelkernen servieren. Mit etwas Minze dekorieren.

Blätterteigrolle mit Mangold und Gelben Beten

Farbenfroher Mangold und orangegelbe Beten – es ist eine reine Freude, diese knusprige Blätterteigrolle zuzubereiten. Man kann natürlich stattdessen auch Spinat oder Grünkohl und Rote Beten verwenden, wenn man möchte. Die süßen Beten haben einen schönen Biss und der Feta macht das Ganze salzig und cremig. Perfekt als vegetarisches Hauptgericht oder als Beilage zu Fleisch oder Fisch.

4 PORTIONEN

½ kg frische Gelbe oder Rote Beten
400 g Mangold, Spinat oder Grünkohl
3 EL Olivenöl
150 g Feta
Salz und Pfeffer
1 Rolle TK-Blätterteig, aufgetaut
1 Ei zum Bestreichen

Die Gelben Beten in Salzwasser 20–45 Minuten weich kochen, abhängig von der Größe. Mit kaltem Wasser abspülen und die Schale abreiben. Die Beten in ca. 1 × 1 cm große Würfel schneiden. Den Ofen auf 225 °C vorheizen.

Den Mangold abspülen und abtropfen lassen. Grob hacken, auch die Stängel, und in Olivenöl weich braten.

Den Feta in kleine Stücke schneiden und mit Beten und Mangold vermischen. Salzen und pfeffern.

Die Blätterteigrolle ausrollen. Die Füllung auf dem Blätterteig verteilen und wie eine Biskuitrolle zusammenrollen. Die Enden des Teigs einschlagen, sodass keine Flüssigkeit herauslaufen kann. Die Blätterteigrolle auf ein Blech mit Backpapier legen. Mit dem Ei bestreichen. Im vorgeheizten Ofen in ca. 25 Minuten goldbraun backen. Vor dem Aufschneiden etwas abkühlen lassen.

79

Rohe Tortellini aus Beten mit Zitrusfruchtsalat

Dieses farbenfrohe Gericht ist nichts anderes als ein avancierter Rohkostsalat. Man kann ihn das ganze Jahr über zubereiten, und Kräuter, Salat und Sprossen können je nach Verfügbarkeit und Geschmack variiert werden. Im Frühling sind Brunnenkresse und vielleicht etwas Bärlauch hübsch, lecker und gesund. Aber Rucola und Spinat passen genauso gut. Ich liebe Minze in jeder Form und finde sie zusammen mit Zitrusfrüchten besonders lecker. Zum Schluss habe ich ein paar Oliven und Kapern darüber gestreut, weil sie so gut zu den übrigen Zutaten passen. Lassen Sie Ihrer Fantasie freien Lauf und testen Sie neue Geschmackskombinationen.

4 PORTIONEN

- 100 g Cashewkerne, ungeröstet und ungesalzen
- 10 schwarze Oliven
- 3 EL helle Misopaste
- 2 EL Apfelessig
- 1 gehackte Knoblauchzehe
- 1 EL gehackte frische Minze
- Schwarzer Pfeffer
- 4 große Gelbe Beten
- 4 große Ringelbeten
- 2 Orangen
- 2 Zitronen
- 1 EL Zucker
- ½ TL Salzflocken
- 1 Grapefruit
- 1 EL Agavendicksaft oder flüssiger Honig
- 1 Ei
- Sprossen, Brunnenkresse und Kräuter
- 1–2 TL fein geriebene Orangenschale
- 12 schwarze Oliven
- 1 EL Kapern
- Walnuss- oder Kürbiskernöl

Die Cashewkerne einweichen. Sie sollen ganz mit Wasser bedeckt sein. Nach 30 Minuten das Wasser abgießen und die Kerne in einen Mixer geben. Zu einer Creme mixen, am besten so lange, bis sie warm werden, dann wird die Creme geschmeidiger. Die Oliven fein hacken und zusammen mit Misopaste, Essig, Knoblauch und Minze untermischen. Die Creme soll ziemlich fest sein, aber man kann sie mithilfe einiger Teelöffel Orangensaft geschmeidiger machen, wenn man will. Mit schwarzem Pfeffer abschmecken und beiseitestellen.

Die Beten schälen und mit einem Gemüsehobel in dünne Scheiben schneiden. Die runden Kanten abschneiden, sodass Quadrate entstehen.

Ca. 1 TL Cashewcreme auf die Hälfte der Quadrate geben, jeweils ein Quadrat darauflegen und etwas zusammendrücken.

Die Schale und die weiße Haut der Orangen und Zitronen entfernen. Filets herauslösen und in einer Schüssel mit Zucker und Salz vermischen. Mindestens 10 Minuten stehen lassen.

Die Grapefruit auspressen und den Saft mit Agavendicksaft oder Honig vermischen. Auch die Flüssigkeit aus den Zitrusfilets zufügen. Die Flüssigkeit mit dem rohen Ei schaumig mixen.

Die „Tortellini" auf Teller legen. Den Zitrusfruchtsalat in der Mitte verteilen und mit Sprossen nach Wahl, etwas fein geriebener Orangenschale, Oliven und Kapern dekorieren. Den Salat mit Walnuss- oder Kürbiskernöl beträufeln.

Bulgursalat und Sofritto mit nordafrikanischer Note

Sofritto ist eine Gemüsemischung aus der südamerikanischen Küche, die sich sehr gut als Würzmittel für verschiedene Gerichte eignet. In einem traditionellem Bulgursalat verwendet man rohes Gemüse, aber hier habe ich mich dazu entschieden, es zu garen. Die Gewürze, die ich verwende, gehören eher nach Nordafrika, sind aber perfekt für diesen etwas anderen Bulgursalat.

4 PORTIONEN

- 240 g Bulgur
- ½ l Wasser
- 1 EL fein geriebene Orangenschale
- 100 ml Orangensaft
- 1 EL Olivenöl
- 2–3 TL gemahlener Kreuzkümmel
- 1 TL Salzflocken
- 10 Cocktailtomaten
- 1 grüne Paprika
- 1 rote Paprika
- 1–2 rote Chilischoten
- 1 rote Zwiebel
- 3 Knoblauchzehen
- 1 EL Olivenöl
- 75 g Datteln (entkernt)
- Frischer Koriander
- Salz und Pfeffer
- 25 g Mandelblättchen, leicht geröstet

Eine Pfanne erhitzen und den Bulgur ohne Zugabe von Fett 2–3 Minuten rösten, bis er nussig duftet. 5 Minuten abkühlen lassen. Das Wasser aufkochen und den Bulgur darin in ca. 10 Minuten al dente garen. In einem Sieb gut abtropfen lassen und dann in eine Schüssel geben. Orangenschale und -saft, Olivenöl, Kreuzkümmel und Salz vermischen und unter den Bulgur rühren. Ziehen lassen.

Tomaten und Paprika fein würfeln. Die Chili halbieren, entkernen und fein hacken. Die Zwiebel fein hacken und den Knoblauch pressen. Das Öl in einer Pfanne erhitzen und das Gemüse darin 2–3 Minuten braten. Das warme Gemüse mit dem Bulgur vermischen. Die Datteln in kleine Stücke schneiden. Den Koriander hacken. Beides untermischen. Mit Salz und Pfeffer abschmecken. Mit den gerösteten Mandeln servieren. Der Salat kann sowohl lauwarm als auch kalt gegessen werden.

Weizen goreng mit Nektarinen

Ich selbst bin ein großer Fan von Kochweizen, aber auch Reis oder Gerste passen gut in diese Version von Nasi goreng. Weizen goreng (gebraten, geröstet) ist perfekt als einfaches und schnelles Alltagsgericht. Falls Sie außerdem gekochten Weizen oder Reis im Kühlschrank haben, kann man es im Handumdrehen zubereiten. Die Nektarinen können durch Ananas, Pflaumen oder Äpfel ersetzt werden. Für eine noch nahrhaftere Variante können Sie Tofu, Garnelen oder Hähnchenstreifen zufügen. Als die Kinder noch klein waren, habe ich oft Krupuk dazu serviert, weil die Kinder die knusprigen Krabbenchips, die man in Asia-Shops kaufen kann, so lieben.

4 PORTIONEN

- 500–600 g gekochter Kochweizen, Naturreis oder Gerste
- ½ TL Kurkuma
- 2 TL Salz
- ¼ Weißkohlkopf
- 1 grüne Paprika
- 1 rote Paprika
- 3 Karotten
- 1 Zwiebel
- 2 Knoblauchzehen
- 1 rote Chili
- 2 Nektarinen
- 50 ml Rapsöl
- 1 EL scharfes Currypulver
- 1 EL Paprikapulver
- 1 EL Ketjap manis
- Ca. 100 g gefrorene grüne Erbsen
- Salz und Pfeffer
- Evtl. 4 Eier

Weizen, Reis oder Gerste mit Kurkuma und Salz in Wasser al dente kochen. In einem Sieb gut abtropfen lassen.

Weißkohl, Paprika und Karotten in Streifen schneiden. Zwiebel und Knoblauch in Scheiben schneiden. Die Chili der Länge nach halbieren, entkernen und hacken. Die Nektarinen halbieren, entsteinen und in Spalten schneiden.

Das Öl zusammen mit dem Curry in einer Pfanne erhitzen. Weißkohl, Paprika, Karotten, Zwiebel, Knoblauch und Nektarinen bei relativ starker Hitze rasch anbraten. Paprikapulver und Ketjap manis untermischen. Weizen und Erbsen zufügen und alles richtig heiß werden lassen. Mit Salz und Pfeffer abschmecken. Am besten 4 Spiegeleier braten und auf das Weizen goreng legen.

Linsensalat mit Blutorangen und Erdbeeren

Belugalinsen lassen sich schnell zubereiten und brauchen nicht eingeweicht zu werden. Geben Sie am besten einen Brühwürfel ins Kochwasser. Damit die Linsen nicht mehlig oder rissig werden, muss man sie langsam im Kochwasser abkühlen lassen. Ich lege Linsen und Bohnen immer gleich nach dem Kochen und Abtropfen in eine Marinade. Dann bleiben sie saftig und sind sofort griffbereit.

4 PORTIONEN

Ca. 150 g Belugalinsen
2 EL Essig
100 ml Olivenöl
Salz und Pfeffer

Gemüse:
2 Fenchelknollen
2 kleine rote Zwiebeln
2 EL Essig
2 TL Zucker
4 Orangen

Dressing:
Saft und Schale von 2 Orangen
100 ml Olivenöl
2 EL Apfelessig
1 EL flüssiger Honig
2 TL Dijonsenf
2 TL blaue Mohnsamen

Salat:
Grüner Salat nach Wahl
Evtl. 30–60 g getrocknete Heidelbeeren
40 g fein gehackte Minze
200 g Feta, in Stückchen
16 Walnüsse
16 Erdbeeren oder 4 frische Feigen
Evtl. 1 Granatapfel

Die Linsen in der doppelten Menge Wasser ca. 15–20 Minuten kochen. Im Kochwasser etwas abkühlen lassen. Das Wasser abgießen und die Linsen mit Essig, Öl, Salz und Pfeffer vermischen.

Den Fenchel in sehr dünne Scheiben schneiden. Die Zwiebeln schälen, fein hacken und mit Essig und Zucker vermischen. Schale und weiße Haut von den Orangen entfernen. Filets herauslösen und beiseitestellen.

Für das Dressing die Orangenschale reiben und den Saft auspressen. Schale und Saft mit Öl, Essig, Honig, Senf und Mohnsamen vermischen.

Grünen Salat, Linsen, Fenchel, Orangenfilets, marinierte rote Zwiebeln, evtl. Heidelbeeren, Minze, Feta, Nüsse, Erdbeeren oder Feigen und evtl. Granatapfelkerne arrangieren. Zum Schluss das Dressing darübergeben.

 87

Hummerpasta „Da Enzo“

Diese Hummerpasta ist eine Hommage an das kleine Restaurant Da Enzo in Trastevere, dem alten Stadtteil in Rom. Wenn Sie in der Nähe sind und ein echtes italienisches kulinarisches Erlebnis haben wollen, müssen Sie dort essen! Die Atmosphäre ist familiär und authentisch. Das Lokal ist sehr klein mit nur einigen wenigen Tischen. Erwarten Sie keine gefalteten Stoffservietten, aber dafür sorgfältig zubereitetes und unglaublich gutes Essen. Hier ist meine Version des leckersten Pastagerichtes der Welt.

4 PORTIONEN

2 ganze gekochte Hummer

Hummerfond:
1 Karotte
1 Zwiebel
1 Selleriestange
2 Knoblauchzehen
2 EL Olivenöl
600 ml Wasser
100 ml Weißwein
2 EL Tomatenmark

Sauce:
1 kleine rote Chili
3 Knoblauchzehen
50 ml Olivenöl
20 Kirschtomaten
Salz
Pfeffer
Zucker

Zum Servieren
Spaghetti für 4 Personen
Basilikum
Olivenöl

Die Scheren der Hummer abtrennen, den Hummer mit dem Rücken nach oben legen und die Schale vom hinteren Teil des Kopfes aus durchschneiden. Den Hummer wenden und vom Kopf bis zur Schwanzspitze zerteilen. Den Darm entfernen und den Magen herausnehmen. Das Fleisch herausholen und beiseitestellen.

Für den Fond Karotte und Zwiebel in Stücke schneiden. Den Sellerie hacken und die Knoblauchzehen halbieren. Das Öl erhitzen und das Gemüse unter Rühren andünsten. Schalen und Köpfe der Hummer, Wasser, Wein und Tomatenmark dazugeben und 20–30 Minuten offen köcheln lassen, bis nur noch ca. 100 ml Flüssigkeit übrig sind. Den Fond durch ein Sieb in eine kleine Schüssel gießen.

Für die Sauce die Chili entkernen. Chili und Knoblauch in feine Scheiben schneiden. Das Öl erhitzen, Chili und Knoblauch darin 1 Minute andünsten. Tomaten vierteln, hinzufügen und salzen. Offen ca. 5 Minuten köcheln lassen. Fond zufügen und alles aufkochen. Die Sauce mit Salz, Pfeffer und 1 Pr Zucker abschmecken. Währenddessen die Pasta in Salzwasser kochen und abtropfen lassen.

Das Hummerfleisch in große Stücke schneiden und in der Sauce aufwärmen. Die Hummer-Tomaten-Sauce mit der Pasta vermischen. Die Pasta auf Teller verteilen und mit jeweils einer Schere garnieren. Mit etwas Basilikum bestreuen und mit Olivenöl beträufeln.

Enzo

Gebratener Reis mit Ingwer und Krabben

Ingwer und Knoblauch sind die Basis der meisten asiatischen Gerichte. Hier verwende ich eine relativ große Menge davon, ich liebe diese Mischung! Sie können auch Reis, der von einer früheren Mahlzeit übrig geblieben ist, verwenden. Wenn Sie frischen Reis kochen, wird er am besten, wenn Sie die Wassermenge um ein Viertel reduzieren. Den fertigen Reis auf einem Backblech ausbreiten, sodass er etwas schneller abkühlt.

4 PORTIONEN

- 150 ml Erdnussöl
- 3–4 EL fein gehackter Knoblauch
- 3–4 EL fein gehackter Ingwer
- 1 Stange Lauch, der weiße und hellgrüne Teil, in dünne Ringe geschnitten
- Evtl. 200 g gefrorene Erbsen
- Ca. 850 g gekochter Jasminreis, Zimmertemperatur
- Salz
- Evtl. 300 g geschälte Krabben
- 4 Eier
- 2 TL Sesamöl
- 1 EL Sojasauce

75 ml Öl in einer Pfanne erhitzen. Knoblauch und Ingwer zufügen. Unter Rühren anbraten, bis die Zutaten goldbraun und knusprig, aber nicht verbrannt sind. Den frittierten Knoblauch und Ingwer mit einem Schaumlöffel herausnehmen. Auf Küchenpapier legen und abtropfen lassen.

Die Hitze reduzieren, 2 EL Öl sowie Lauch zufügen und ca. 5 Minuten dünsten. Der Lauch soll weich werden, aber nicht anbrennen. Die Erbsen zufügen und warm werden lassen.

Die Hitze erhöhen und den Reis zufügen. Erhitzen und salzen. Die Krabben untermischen.

Das restliche Öl in eine andere Pfanne geben. Die Eier zu Spiegeleiern darin braten, bis die Ränder braun zu werden beginnen, aber das Eigelb immer noch flüssig ist. Den Reis auf vier Teller verteilen und jeweils ein Ei darauflegen. Den Reis mit Sesamöl und Sojasauce beträufeln. Den frittierten Knoblauch und Ingwer darüberstreuen.

Veggie-Lasagne mit viel Umami

Knollensellerie, Pilze, Tomaten und Parmesan sind die Basis eines herrliche deftigen Pastagerichts. In dieser Lasagne habe ich keine Béchamelsauce verwendet. Sie ist ganz einfach leckerer ohne. Die Tomatensauce ist so schon sehr lecker, aber Sie können Sie auch mit 1 TL getrocknetem Oregano, ½ TL getrocknetem Rosmarin, Thymian oder Salbei würzen.
Ich selbst würze sie meist mit ca. 20–30 g frischen Basilikumblättern.

6 PORTIONEN

300 g Champignons
100–200 ml Olivenöl
4 TL Butter
Salz und Pfeffer
500 g Knollensellerie
1 mittelgroße Zucchini
1 große Zwiebel
3 Knoblauchzehen
800 g gehackte Tomaten aus der Dose
1 Pr Zucker
20–30 g gehackte frische Basilikumblätter
500 g frischer Babyspinat
5 große frische Lasagnenudelplatten (ca. 20 × 25 cm) oder 1 Päckchen getrocknete
150 g geriebener Parmesan

Die Champignons putzen und in Scheiben schneiden. Etwas Olivenöl in einer Pfanne erhitzen. Die Champignons darin ca. 5 Minuten braten. Gegen Ende der Bratzeit ca. 1 TL Butter zufügen. Salzen und pfeffern. Die Pilze beiseitestellen.

Den Sellerie schälen und grob reiben. In Olivenöl bei starker Hitze unter Rühren 7–8 Minuten braten. Gegen Ende der Bratzeit 1 TL Butter zufügen. Salzen und pfeffern. Den Sellerie beiseitestellen.

Die Zucchini in kleine Würfel schneiden und dann ein paar Minuten auf die gleiche Art wie den Sellerie braten.

Für die Tomatensauce Zwiebel und Knoblauch schälen und fein hacken. Etwas Öl in einer großen Pfanne erhitzen und beides ein paar Minuten anbraten. Tomaten und Zucker zufügen und ca. 10 Minuten köcheln lassen. Salzen und pfeffern. Basilikum dazugeben.

Den Spinat abspülen und gut abtropfen lassen. 5 Minuten in etwas Olivenöl andünsten. Gegen Ende der Zeit 1 TL Butter zufügen. Salzen und pfeffern.

Den Ofen auf 200 °C vorheizen. Eine Auflaufform mit hohem Rand und ca. 20 × 30 cm Größe mit Olivenöl einfetten. Eine frische Lasagneplatte oder ca. 4 getrocknete Platten hineinlegen und die Champignons darauf verteilen. Eine neue Schicht Lasagneplatten darauflegen. Den Spinat darauf verteilen.

Auf dieselbe Art die Lasagneplatten weiter mit Sellerie und Zucchini aufschichten. Mit der Tomatensauce abschließen. Im vorgeheizten Ofen ca. 25 Minuten gratinieren. Mit reichlich Parmesan bestreuen und sofort servieren.

MEHR WÜRZE INS ESSEN!

Ich bin besessen von Geschmäckern und Farben. Ohne wirklich darüber nachzudenken, habe ich schon immer Essen mit aromatischen und farbenfrohen Zutaten gekocht. Ich experimentiere gerne mit neuen Lebensmitteln und Geschmäckern; das gilt für alles, von Blumen und Unkraut bis hin zu Gewürzen und Zutaten aus der ganzen Welt. Und Zutaten, die reich an Umami sind, sind eine Garantie für gutes Essen!

Manche von uns haben bis zu zehntausend Geschmacksrezeptoren auf der Zunge – über die ganze Zunge verteilt. Diese Rezeptoren schmecken Süßes, Salziges, Bitteres, Saures und Umami. Alle haben ihren eigenen einzigartigen Geschmackssinn. Manche Menschen, die Superschmecker, haben mehr Rezeptoren als andere und sind daher empfindlicher in Bezug auf bestimmte Geschmäcker, vor allem bei Bitterem, aber auch bei Süßem und Scharfem.

Manche Lebensmittel haben einen von Natur aus hohen Gehalt an Geschmacksverstärkern, Umami – dem Glutamat der Natur. Es wird gebildet, wenn bestimmtes Essen gelagert wird, und liegt in den Proteinsalzen. Umami gibt dem Essen einen tiefen aromatischen, pikanten, etwas salzigen und vollmundigen Geschmack, den Geschmack von Protein.

Protein schmeckt gut und ist ein wichtiger Nährstoff. So bringt uns die Natur auf intelligente Art dazu, ständig nach Nahrung mit Proteingeschmack zu suchen. Sauer dagegen warnt vor verdorbenem Fleisch oder unreifen Früchten, Bitterstoffe finden sich oft in giftigen Pflanzen, Salz in zu großen Mengen ist ungenießbar. Süß und Umami werden als Geschmacksrichtungen am meisten geschätzt. Vielleicht weil Umami, oder Glutaminsäure, in großen Mengen in Muttermilch enthalten ist.

Die fünf Grundgeschmacksrichtungen sind die Basis und das Geheimnis von

allem guten Essen. Fleisch enthält große Mengen Umami, also schreien vegetarische Gerichte oft nach Umamigeschmack, weil genau das ein Gericht vollmundig und würzig macht. Aber mit etwas Geschmackswissen können Sie dieses Aroma leicht mithilfe von Gemüse hervorlocken, das viel Umami enthält. Misopaste, meist aus fermentiertem Soja hergestellt, ist z.B. ein ausgezeichnetes Würzmittel für viele vegetarische Gerichte und Dressings.

Ich finde das helle Miso am besten. Umamireich sind auch reife Blauschimmelkäse, Pecorino und Manchego. Schwarze Oliven, Fischsauce, Grüner Tee, Sojabohnen, Sauerkraut, Sojasauce, Balsamico, Olivenöl, Sellerie und grüne Erbsen sind proppenvoll von Umami. Sellerieknollen und Liebstöckel geben einer Gemüsebrühe den herrlich würzigen Geschmack.

Vergessen Sie auch nicht getrocknete Tomaten, Tomatenmark, Zwiebeln und Knoblauch, wenn Sie vegetarischen Gerichten Geschmack verleihen wollen. Mixen Sie getrocknete Tomaten und mischen Sie sie in Eintöpfe oder Dressings. Pilze, vor allem getrocknete Steinpilze oder Shiitake-Pilze, sind perfekte Geschmacksträger. Zerkleinern Sie die getrockneten Pilze im Mixer, vermischen Sie sie mit Salz und verwenden Sie sie als Gewürz. Lassen Sie ganze getrocknete Pilze in Eintöpfen, Suppen oder Saucen mitkochen, um den Geschmack vollmundiger zu machen. Algen und Seetang wie Kelp und Kombu bringen auch Geschmack und werden in der Rawfoodküche viel verwendet. Krustentiere, die im Herbst gefangen werden, haben einen gesättigten Umami-Geschmack, ebenso Sardellenpaste und Sardellen. Für viele Fleischesser ist es wohlbekannt, dass auch gut abgehangenes Fleisch wie Bresaola, Parmaschinken und Serranoschinken einen besonders nussigen und würzigen Umamigeschmack bekommt. Essig, Anchovis, Zwiebeln und Knoblauch verleihen Worchestersauce einen kräftigen Umamigeschmack.

Bratling aus Shiitake-Pilzen und Naturreis

6 BRATLINGE

- 1 kleine Zucchini
- ½ TL Salz
- 100 g Sojaflocken
- 100 ml heißes Wasser (oder die auf der Packung angegebene Menge)
- 1 fein gehackte Zwiebel
- 1 gehackte Knoblauchzehe
- 15 frische Shiitake-Pilze
- 3 EL Olivenöl
- 1 EL Tomatenmark
- 2 TL Chipotle-Paste
- 1 EL Balsamico
- 150 g gekochte Kichererbsen
- 2 Eier
- 80–100 g gekochter Naturreis
- 50 g Semmelbrösel
- Salzflocken und Pfeffer

Viele vegetarische Fleischalternativen, die es fertig zu kaufen gibt, kann man leicht selbst machen. Das, was in diesem Bratling an Fleisch erinnert, sind Sojaflocken. Weichen Sie die Flocken in etwas heißem Wasser ein und mixen Sie sie dann mit den übrigen Zutaten. Wenn Sie sich daran gewöhnt haben, mit Sojaflocken oder Seitan zu arbeiten, können Sie Ihre eigenen Geschmackskombinationen ausprobieren und dazu die Gemüsesorten und Gewürze kombinieren, die Sie am liebsten mögen.

Den Ofen auf 175 °C vorheizen. Die Zucchini grob reiben und in einer Schüssel mit dem Salz vermischen. Umrühren und 15 Minuten stehen lassen. Die Flüssigkeit durch ein Sieb ausdrücken.

In einer kleinen Schüssel heißes Wasser über die Flocken gießen. 10 Minuten stehen und dann in einem Sieb abtropfen lassen.

Zwiebel und Knoblauch fein hacken, die Pilze in dünne Scheiben schneiden. 1 EL Olivenöl in einer Pfanne erhitzen, Zwiebel und Knoblauch darin weich braten. Die Pilze zufügen und bei mittlerer Hitze 10 Minuten braten. Ab und zu umrühren. Tomatenmark und Chipotle-Paste zufügen. Geriebene Zucchini und Balsamico einrühren. Die Flüssigkeit einkochen lassen.

Die Kichererbsen, die weichen, abgetropften Sojaflocken und die Eier einrühren. Alles in einem Mixer zu einer körnigen, nicht ganz glatten Masse mixen.

Die Masse in eine Schüssel geben und mit Reis, Semmelbröseln, Salz und Pfeffer vermischen.

Das restliche Olivenöl erhitzen, die Masse zu Bratlingen formen und auf jeder Seite ca. 5 Minuten braten.

Zu den Bratlingen schmecken z. B. ein Rohkostsalat und frisch gebackenes Brot.

ROSTFRITT STÅL

Halloumi-Zucchini-Bratlinge mit Tsatsiki

Knusprige Bratlinge und Tsatsiki mit Unmengen von Knoblauch. Machen Sie das Tsatsiki am besten aus Schafmilchjoghurt. Geben Sie ein paar Teelöffel Olivenöl, eine Handvoll gehackte Minzeblätter und etwas Koriander darüber. Und ein paar Tropfen Zitronensaft über die Bratlinge – oh, wie lecker!

TIPP:

Wenn Sie eine etwas andere Variante des traditionellen Tsatsiki machen wollen: 300 g cremigen Joghurt mit 1 grünen Paprika in kleinen Würfeln, ½ fein gehackten Lauchstange, 2 EL Zitronensaft, 1 EL Olivenöl, 2 gepressten Knoblauchzehen und 60 g Rosinen vermischen. Mit Salz und Pfeffer abschmecken.

4 PORTIONEN

Tsatsiki:
- 1 Gurke
- 2 TL Salz
- 3–5 Knoblauchzehen
- 1 EL Olivenöl
- 2 EL Zitronensaft
- 300 g griechischer oder türkischer Joghurt
- Salz und Pfeffer

Bratlinge:
- ½ kg Zucchini
- 2 TL Salz
- 1 Zwiebel
- 1 Knoblauchzehe
- 250 g Halloumi
- 1 Ei
- 3½ EL Maisstärke
- 50 g Panko (japanisches Paniermehl) oder normale Semmelbrösel
- 3–4 EL fein gehackte glatte Petersilie
- 3–4 EL fein gehackte Minze
- Schwarzer Pfeffer
- Olivenöl zum Braten

Die Gurke halbieren und mit einem Löffel entkernen. In kleine Stücke reiben oder schneiden. Das Salz zufügen und die Gurke ca. 30 Minuten abtropfen lassen. Die Flüssigkeit mit den Händen auspressen. Knoblauch pressen und mit Öl und Zitronensaft in einer Schüssel vermischen. Joghurt, Gurke, Salz und Pfeffer dazugeben. Gut vermischen. Am besten ein paar Teelöffel Olivenöl darübergeben. Bis zum Servieren kalt stellen.

Die Zucchini grob reiben, mit dem Salz vermischen und in einer Schüssel 30 Minuten stehen lassen. Zwiebel und Knoblauch schälen und fein hacken. Den Käse grob reiben. Die geriebene Zucchini in ein Sieb oder Siebtuch geben und so viel Flüssigkeit wie möglich herauspressen. Je trockener die Zucchini, desto fester die Bratlinge. Die Zucchini mit Zwiebel, Käse, Ei, Maisstärke, Panko oder Semmelbröseln, Kräutern und Pfeffer vermischen und zu kleinen Bratlingen oder Bällchen formen. In reichlich Olivenöl 3–5 Minuten braten. Auf Küchenpapier abtropfen lassen. Mit Tsatsiki und z. B. Tomaten und roten Zwiebeln servieren.

Zucchini-Kokos-Bällchen in goldener Tomatensauce

Knusprige Zucchinibällchen, die in einer goldgelben, würzigen Kokossauce serviert werden. So schön! Ich liebe Farben, das haben Sie wohl schon bemerkt. Und dieses Gericht ist sowohl im Geschmack als auch im Aussehen farbenfroh.

4 PORTIONEN

Bällchen:
1 kg Zucchini, gelb oder grün
2 TL Salz
1 Zwiebel
1 rote oder grüne Chili
4 cm frischer Ingwer
Frischer Koriander
100 g Kokosmehl
100 ml Erdnuss- oder Sonnenblumenöl

Sauce:
1 Zwiebel
2 Knoblauchzehen
1 rote oder grüne Chili
2 TL Kurkuma
1 Pr Cayennepfeffer
2 TL gemahlener Kreuzkümmel
2 EL Öl
300 ml Kokosmilch
4–5 Tomaten, gelb oder rot
Frischer Koriander
Evtl. Minze

Die Zucchini grob reiben, salzen und in einem Sieb über einer Schüssel ½–1 Stunde abtropfen lassen. Die Flüssigkeit aufheben.

Währenddessen die Sauce zubereiten: Zwiebel, Knoblauch und Chili fein hacken und mit Kurkuma, Cayennepfeffer und Kreuzkümmel ca. 3–4 Minuten in Öl anbraten, bis die Zwiebel weich, aber nicht braun ist. Die Kokosmilch zufügen und alles 5–10 Minuten köcheln lassen.

Die restliche Flüssigkeit aus der Zucchini pressen. Die Zwiebel und die Chili fein hacken und den Ingwer reiben. Die Zucchini mit den restlichen Zutaten bis auf das Öl in einer Schüssel gut vermischen und zu ca. 20 Bällchen formen. Die Masse nicht stehen lassen, dann zieht sie wieder Wasser. Das Öl in einer Pfanne erhitzen und jeweils 5–6 Bällchen gleichzeitig 2–4 Minuten frittieren. Auf Küchenpapier abtropfen lassen.

Die Tomaten vierteln und den Koriander hacken. Die Sauce aufwärmen. Tomaten, Koriander und evtl. 100–200 ml der Zucchiniflüssigkeit zufügen, falls die Sauce zu dick ist. Die Bällchen in die Sauce geben und sofort mit Reis und noch mehr Koriander oder Minze servieren.

Kleine Erbsenpfannkuchen mit Paprikafüllung und Pilzen

Wenn Sie wie ich wollen, dass vegetarische Gerichte deftig schmecken und wirklich sättigen, dann sind diese herrlich grünen kleinen Erbsenpfannkuchen perfekt. Erbsen und Minze sind bekannte Geschmackskameraden. Mischen Sie ein wenig zerbröckelten Feta oder frisch geriebenen Parmesan in den Teig, wenn Sie eine weitere Geschmacksnote in den Pfannkuchen haben wollen. Die scharfe Paprikafüllung gibt dem Gericht eine pikante Note. Wenn Sie selbst nicht so an vegetarisches Kochen gewöhnt sind, sollten Sie dieses Gericht machen, wenn Sie einmal vegetarische Gäste haben. Sogar militante Fleischesser werden es schätzen.

Sämtliche Zutaten für die Erbsenpfannkuchen außer der Butter in einer Küchenmaschine mixen, bis ein gleichmäßiger Teig entsteht. Die Butter in einer Pfanne schmelzen. Ca. 3 EL Teig hineingeben und zu einem Pfannkuchen von ca. 7 cm Durchmesser verstreichen. Zuerst ca. 1 Minute auf der einen, dann genauso lange auf der anderen Seite braten, bis der Teig fest geworden ist. Die Pfannkuchen auf einem Teller stapeln. Es sollten ca. 12 dünne kleine Pfannkuchen werden.

Den Ofen auf Grillfunktion oder höchstmögliche Hitze einstellen. Für die Paprikafüllung die Paprikaschoten halbieren, entkernen und mit der Schale nach oben auf einem leicht geölten Backblech ca. 20 Minuten rösten, bis die Haut schwarz ist und Blasen wirft. Herausnehmen und mit einem feuchten Geschirrtuch bedecken. Nach ca. 10 Minuten die Schale abziehen.

Chili, Schalotten und Knoblauch fein hacken. Öl in einem Topf erhitzen und alles bei mittlerer Hitze kurz andünsten. Gut darauf achten, dass die Zwiebeln nicht anbrennen.

Die Paprika in kleinere Stücke schneiden und zusammen mit Honig, Salz und Pfeffer untermischen. Ein paar Minuten kochen lassen. Falls die Füllung zu trocken wird, ein paar Esslöffel Wasser zufügen.

Die Pilze putzen und in ziemlich grobe Stücke schneiden. Öl in einer Pfanne erhitzen. Bei starker Hitze die Pilze ca. 3 Minuten anbraten. Die Hitze reduzieren und 1 EL Butter zufügen. Bei schwacher Hitze garen, bis die Flüssigkeit absorbiert ist. Salzen und pfeffern.

Einen Erbsenpfannkuchen auf einen Teller legen und etwas Paprikafüllung darauf löffeln. Mit einem weiteren Pfannkuchen belegen. Mit Pilzen und einem weiteren Pfannkuchen abschließen. Am besten mit der Ziegenkäsecreme von Seite 77 servieren.

4 PORTIONEN

Erbsenpfannkuchen, 12 Stück:
200 g gefrorene grüne Erbsen, aufgetaut
1 Handvoll Minzblätter
1 Ei
1 Eigelb
100 g Schlagsahne
30 g Weizenmehl
Salz und Pfeffer
Butter zum Braten

Paprikafüllung:
3–4 Paprikaschoten, rot oder gelb
2–3 EL Olivenöl
1 rote Chili
2 Schalotten
2 Knoblauchzehen
1 EL Honig
Salz und Pfeffer

Pilze:
300 g Pilze, z.B. Steinpilze oder Austernpilze
1 EL Olivenöl
1 EL Butter
Salz und Pfeffer

Buchweizengalettes mit warmen Birnen und Pekannüssen

In einer französischen Crêperie gibt es immer zwei Arten von Pfannkuchen: Crêpes aus Weizenmehl mit süßen Füllungen wie Marmelade oder Schokolade und Galettes aus Buchweizen, die gröber und deftiger sind und oft mit geriebenem Käse, Schinken und frischem Spiegelei serviert werden. Zusammenfalten und wie ein echter Franzose genießen.

Knusprig gebratener Bacon oder kleine Stücke gebratener geräucherter Schweinebauch passen wunderbar zu diesen Pfannkuchen mit warmen Birnen und Käsecreme. Das traditionelle Getränk zu Galettes ist trockener Cidre.

4 PORTIONEN

Teig:
200 g Buchweizenmehl
2 Eier
1 EL Salzflocken
400 ml Wasser
2 EL geschmolzene Butter
Butter zum Braten

Füllung:
40–80 g Pekan- oder Walnüsse
5–6 reife Birnen
Butter zum Braten
100 g Ziegencamembert oder Blauschimmelkäse
400 g Crème fraiche
Salz und Pfeffer
Gemischter Salat
2–3 EL flüssiger Honig
Evtl. Vinaigrette

Für den Teig Mehl, Eier und Salz in einer Schüssel vermischen. Nach und nach das Wasser zufügen und zu einem glatten Teig rühren, am besten mit einem Rührgerät. Den Teig mindestens 2 Stunden oder über Nacht im Kühlschrank ruhen lassen.

Die geschmolzene Butter unterrühren. Die Galettes in einer heißen Pfanne in Butter backen. Den Teig durch Kippen der Pfanne verteilen und auf beiden Seiten braten.

Die Nüsse in einer Pfanne ohne Zugabe von Fett rösten und beiseitestellen.

Die Birnen in Spalten schneiden und portionsweise in reichlich Butter braten. Den Ziegenkäse vom harten Rand befreien, in eine Schüssel bröckeln und mit Crème fraiche verrühren. Salzen und pfeffern.

Auf jeden Pfannkuchen etwas Salat legen. Die Birnen auf dem Salat verteilen und mit Honig beträufeln. Am besten noch etwas Vinaigrette darübergeben. Mit Nüssen bestreuen und mit einem großen Klecks Käsecreme abschließen.

GLÜCKLICHE UND WILDE TIERE

Ich liebe den Begriff Veggivore, weil er nicht nur meine Art zu denken beschreibt, wenn es ums Essen geht, sondern auch die vieler meiner Freunde. Es geht ja unter anderem darum, die Fleischmenge zu reduzieren, indem man mit mehr Gemüse, Getreide und Hülsenfrüchten experimentiert. Ein Kniff ist zum Beispiel, Hackfleisch mit Linsen, Bohnen oder geriebenem Wurzelgemüse zu vermischen.
Wenn Sie nur wenig Fleisch essen, können Sie sich Fleisch von besserer Qualität leisten: Fleisch von Tieren, die draußen auf der Weide sein durften, von ökologisch aufgezogenen Tieren. Das Wichtigste ist, Fleisch nach Möglichkeit von Produzenten zu wählen, deren Betrieb der Umwelt nicht schadet und bei dem die Tiere nicht unnötig leiden müssen. Es geht darum, größeres Interesse für den Ursprung des Essens zu zeigen. Ich wundere mich immer noch darüber, dass es so vielen missfällt, Bilder von Tieren im Zusammenhang mit Rezepten zu sehen. Wenn man nicht sehen will, woher Würste und Frikadellen kommen, sollte man vielleicht über seine Einstellung zu Fleisch nachdenken.

Fleisch zu essen bedeutet nicht, dass einem Tiere und Umwelt egal sind. Aber es ist unglaublich wichtig, den Fokus auf das Wohlbefinden der Tiere bei der Produktion des Essens zu richten. Billiges Fleisch kommt oft aus Tierbeständen, in denen die Tiere schlecht behandelt werden. Das ist ein hoher Preis. Industriell hergestelltem Fleisch fehlt außerdem das gesunde Fett Omega 3, das die Tiere nur durch das Fressen von Gras aufnehmen können. Tiere, die mit Tierfutter gefüttert werden, ergeben Fleisch mit einer zu großen Menge Omega 6, das wesentlich ungesünder ist.

Viele Vegetarier rümpfen über verschiedene Alternativen zu Fleisch die Nase. Sie scheinen der Meinung zu sein, dass man Gemüse und Gemüsegerichte ausschließlich so essen soll, wie sie sind, und dass man mit seiner Essensphilosophie schummelt, wenn man Produkte verzehrt, die verschiedene Arten von Fleisch, Fisch oder Krustentieren zu imitieren versuchen. Aber wenn man sich aus ethischen Gründen dafür entscheidet, Vegetarier oder Veganer zu werden, kann man den Fleischgeschmack leicht vermissen. Die Einsicht, dass es viel guten Fleischersatz gibt, kann dann den Entschluss erleichtern, Vegetarier zu werden oder weniger Fleisch zu essen. Erwarten Sie nur nicht, dass Fleischersatz genau wie Fleisch schmecken muss, aber als Alternative funktioniert er wunderbar! Wenn Sie also Sojawürste oder Hamburger aus Quorn oder Bratlinge oder Filets aus Seitan mögen – bestens! Noch eine Art, den Fleischkonsum und auf diese Weise die globale Erwärmung zu verringern.

Gegrillter Halloumi mit geröstetem Pfirsich und knusprigem Schweinebauch

Das fette, wohlschmeckende Bauchfleisch mit der knusprigen Schwarte passt perfekt zu dem Halloumi, den säuerlichen Pfirsichen und den süßen roten Zwiebeln. Die Gewürzmischung reicht für ein Stück Fleisch von 2–3 kg. Das Wichtigste von allem: Nehmen Sie immer Fleisch von einem glücklichen Schwein!

6 PORTIONEN

Geröstete Pfirsiche:
4 Pfirsiche
2 rote Zwiebeln
3 EL Balsamico
2 EL Oliven- oder Rapsöl
50 ml flüssiger Honig
Salz und Pfeffer

Knuspriger Schweinebauch:
1 unbehandelter Schweinebauch mit Schwarte, ca. 1½ kg
2 EL Olivenöl
1 Zweig frische Lorbeerblätter oder 4 getrocknete

Gewürzmischung:
2 EL Salzflocken
1 EL Fenchelsamen
1 EL Koriandersamen
1 EL grob gemahlener schwarzer Pfeffer

250 g Halloumi

Den Ofen auf 200 °C vorheizen. Die Pfirsiche halbieren, entsteinen und in Spalten schneiden. Die Zwiebeln schälen, in Spalten schneiden und mit Essig und Öl vermischen. In einer Auflaufform ca. 20 Minuten im Ofen garen. Pfirsiche und Honig untermischen. Weitere 10 Minuten garen. Salzen und pfeffern. Abkühlen lassen.

Die Hitze auf 225 °C erhöhen. Die Schwarte des Fleisches kreuzförmig tief einschneiden, aber nicht ganz bis zum Fleisch hinunter. Das Fleisch mit der Schwarte nach unten in eine Auflaufform legen und mit Wasser auffüllen, bis die Schwarte bedeckt ist. Das Fleisch 20 Minuten in den Ofen stellen. Herausnehmen, das Wasser abgießen und die Temperatur auf 125 °C senken.

1 EL Olivenöl in eine Auflaufform geben. Lorbeerblätter hineinlegen und das Fleisch mit der Schwarte nach oben darauflegen. Etwas Olivenöl auf die Schwarte träufeln. Die Gewürze vermischen und gut in die Schnitte einmassieren. 2–3 Stunden garen, bis das Fleisch mürbe und die Schwarte knusprig ist. Wenn das Fleisch fertig ist, die Schwarte sich aber immer noch zäh und lederartig anfühlt, können Sie die Hitze erhöhen und es weiter garen, bis die Schwarte goldbraun ist und Blasen wirft.

Den Halloumi in Scheiben schneiden. Die Scheiben kurz vor dem Servieren in Olivenöl braten.

Kohlpudding aus Wildhackfleisch mit Preiselbeeren

Kohlpudding ist ein Gericht der schwedischen Hausmannskost, das viele mögen. Genau wie bei Köttbullar (unseren beliebten Hackfleischbällchen) gibt es viele verschiedene Varianten. Der leicht angebräunte Kohl und die Pfifferlinge bekommen Verstärkung vom Sirup. Der Reis und das Ei machen das Gericht luftig und halten es gleichzeitig zusammen. Die säuerlichen Preiselbeeren bilden ein perfektes Gegengewicht. Roh angerührte Preiselbeeren kann man einfach selbst herstellen: 250 g Preiselbeeren mit 100–150 g Zucker vermischen und immer wieder umrühren, bis der Zucker sich aufgelöst hat.

6 PORTIONEN

Brei für die Füllung:
130 g Milchreis
150 ml Wasser
500–600 ml Milch

Kohl und Pfifferlinge:
1 kg Spitzkohl oder Weißkohl
3–4 EL Butter
Salz und Pfeffer
Ca. 150 g Pfifferlinge
3 EL heller Zuckerrübensirup

Hackfleisch:
2 große Zwiebeln
2 Knoblauchzehen
1 EL Olivenöl
800 g Wildhackfleisch, am besten vom Wildschwein
Evtl. 3 gehackte Anchovisfilets
5 Eier
Salz und Pfeffer
½ TL Thymian

300 ml Wasser
1 Fleischbrühwürfel
Gegarte Kartoffeln
Roh angerührte Preiselbeeren

Den Ofen auf 175 °C vorheizen. Den Reis mit Wasser und Milch zu einem sämigen Brei kochen. Abkühlen lassen.

Den harten Strunk des Spitzkohls entfernen und den Kohl in Würfel schneiden. 2 EL Butter in einer weiten Pfanne schmelzen. Den Kohl hineingeben und unter Rühren portionsweise bräunen. Salzen und pfeffern. Die Pfifferlinge putzen und in Butter braten. Salzen und pfeffern. Die Pfifferlinge mit dem Kohl vermischen. Den Sirup untermischen und beiseitestellen.

Zwiebeln und Knoblauch schälen und fein hacken. Im Öl glasig dünsten. Abkühlen lassen.

Das Hackfleisch mit gehackten Anchovis, falls verwendet, Reisbrei, Zwiebeln und Eiern vermischen. Salzen und pfeffern und Thymian untermischen.

Die Hälfte der Kohlmischung in eine feuerfeste Form geben. Das Hackfleisch darauf verteilen und mit der restlichen Kohlmischung bedecken. Im vorgeheizten Ofen ca. 45 Minuten backen. Der Kohlpudding ist fertig, wenn die Füllung fest ist (mit einem Messer kontrollieren).

Das Wasser mit dem Brühwürfel aufkochen. Mit etwas heißer Brühe übergießen, wenn der Pudding trocken aussieht. Mit Kartoffeln und roh angerührten Preiselbeeren servieren.

Tjälknöl aus Wild mit eingelegten Beten und Käsekartoffeln

Dieses traditionell nordschwedische (norrländische) Fleischgericht ist gar nicht so alt. Erst Anfang der 80er-Jahre legte eine Frau einen gefrorenen Braten bei schwacher Hitze in den Ofen, um ihn schneller aufzutauen. Dann vergaß sie ihn darin. Tags darauf entdeckte sie das Fleisch und rettete es, indem sie es in Salzsud legte. Das Fleisch wird am besten, wenn man es mariniert, aber man kann es auch schon wunderbar servieren, wenn es ca. 15 Minuten geruht hat.

Das Fleisch verliert dank der niedrigen Zubereitungstemperatur sehr wenig Gewicht. Verwenden Sie am besten ein Fleischthermometer. Das Fleisch ist bei 55 °C blutig, bei 60 °C rosa und bei 75 °C durch.

Lorbeerblätter, Knoblauchzehen und Pfeffer für den Sud zerstoßen. Alle Sudzutaten vermischen und aufkochen. Abkühlen lassen.

Den Ofen auf 75 °C stellen. Das gefrorene Fleisch auf einen Rost mit einem Backblech darunter legen. Nach 2–3 Stunden, wenn das Fleisch aufgetaut ist, ein Thermometer hineinstecken. Wenn Sie das Fleisch rosa wollen, braucht es 7–10 Stunden. Den ganzen warmen Braten höchstens 5 Stunden im kalten Sud marinieren, sonst kann er zu salzig werden. Marinieren Sie ihn am besten in doppelten Plastiktüten.

Die Beten schälen und in Scheiben schneiden oder hobeln. Die Zutaten für die eingelegten Beten aufkochen und rühren, bis der Zucker sich aufgelöst hat. Die Beten in den heißen Sud legen und bei Zimmertemperatur abkühlen lassen. In den Kühlschrank stellen.

Die Zutaten für die Meerrettichcreme vermischen und bis zum Servieren kaltstellen.

Den Ofen auf 225 °C vorheizen. Die Kartoffeln schälen und in dünne Scheiben schneiden, aber nicht ganz durch. Die Kartoffeln mit den Spalten nach oben in eine Auflaufform legen. Die Butter schmelzen, den Knoblauch pressen und untermischen. Die Kartoffeln mit der

CA. 8 PORTIONEN

1 ½ kg tiefgefrorener Braten von Elch, Hirsch, Reh oder Rind

Sud:
- 3 Lorbeerblätter
- 3 Knoblauchzehen
- 2 TL schwarzer Pfeffer
- 500 ml Wasser
- 100 g Salz
- 2 EL Zucker
- 5 Wacholderbeeren
- 1 TL getrockneter Thymian
- 1 kleiner frischer Rosmarinzweig

Eingelegte Beten:
- 5–6 Rote, Gelbe oder Ringelbeten
- 100 ml Essigessenz (12 %)
- 85 g Zucker
- 100 ml Wasser
- ½ TL Kümmel
- 1 TL Fenchelsamen
- 1 TL Senfsamen
- 1 Sternanis
- 1 Zimtstange

Meerrettichcreme:
- 500 g Crème fraiche
- Ca. 50 g geriebener Meerrettich
- Salz und Pfeffer

Käsekartoffeln:
- 16–24 festkochende Kartoffeln
- 6 EL Butter
- 2 Knoblauchzehen
- 2 TL Salzflocken
- ½ TL schwarzer Pfeffer
- 100 g geriebener Västerbottenkäse oder sehr alten Gouda

→

Butter bestreichen und 20 Minuten im vorgeheizten Ofen backen. Wieder mit Butter bestreichen und mit Salz, Pfeffer und Käse bestreuen. Die Kartoffeln weitere 15–20 Minuten fertig garen.

Den Zucker in einer Pfanne schmelzen, Essig, Rotwein, Bratensaft und Kalbsfond zufügen. Den Jus 15–20 Mnuten köcheln lassen. Maisstärke mit 4 EL kaltem Wasser vermischen und in die Sauce einrühren. Aufkochen lassen und mit Salz und Pfeffer abschmecken.

Alles zusammen servieren.

Rotweinjus:

2 EL Rohrohrzucker
2 EL Balsamico
400 ml Rotwein
400 ml Bratensaft oder würzige Fleischbrühe
3 EL Kalbsfondkonzentrat
2 TL Maisstärke
4 EL Wasser
Salz und Pfeffer

Kartoffelfladen mit Eierbutter, Gurke und Lachs

Alle Lachsliebhaber mal herschauen! Hier ist eine der besten Arten, geräucherten Lachs zu servieren. Kleine Wraps aus frisch gebackenem, weichem Kartoffelbrot, die man mit Eier-Anchovis-Butter, Räucherlachs und süßsauren Dillgurken serviert. Zusammenrollen und essen. Ein eiskaltes Bier macht das Geschmackserlebnis perfekt.

4 PORTIONEN

16 Scheiben Räucherlachs

Eingelegte Gurke:
2 EL Farinzucker
2 EL Essigessenz (12 %)
3–4 EL gehackter Dill
1 Pr Salz
1 Gurke

Eier-Anchovis-Butter:
4 hart gekochte Eier
2 Anchovis
2 EL Kapern
3 EL Schnittlauch
90 g zimmerwarme Butter
Salz und schwarzer Pfeffer

Kartoffelfladen:
400 g Kartoffeln
2 EL Butter
50 g Schlagsahne
1 TL Farinzucker
1 TL gemahlener Anis
½ TL Salz
120 g Weizenmehl
Butter zum Braten

Farinzucker, Essigessenz, Dill und Salz in einer Schüssel vermischen. Rühren, bis sich der Zucker aufgelöst hat. Die Gurke in dünne Scheiben schneiden und untermischen. Kaltstellen.

Eier, Anchovis, Kapern und Schnittlauch hacken. In die Butter einrühren und mit Salz und Pfeffer abschmecken. Kaltstellen, aber vor dem Servieren auf Zimmertemperatur erwärmen lassen.

Die Kartoffeln mit Schale in ca. 20 Minuten gar kochen. Pellen und mit Butter und Sahne stampfen. Mit Farinzucker, Anis, Salz und Mehl zu einem klebrigen Teig rühren. Den Teig auf einer bemehlten Arbeitsfläche zu 8 ca. 3 mm dünnen Fladen ausrollen. Einen kleinen Klecks Butter in eine Pfanne geben. Das Brot auf jeder Seite ein paar Minuten backen. Mit dem restlichen Teig genauso verfahren. Die Brote unter ein sauberes Handtuch auf einen angewärmten Teller legen.

Die lauwarmen Fladen mit Eier-Anchovis-Butter, Lachs und eingelegten Gurken servieren.

Salat mit warm geräuchertem Lachs und Zitrusvinaigrette

Es gibt nur wenige Dinge, die so fantastisch schmecken wie ein nicht allzu stark warm geräucherter Lachs (natürlich schmeckt der Salat auch mit kalt geräuchertem Lachs). Für den Salat habe ich die leckeren Blauen Schweden genommen. Der Salat eignet sich gut, wenn richtig viele Gäste kommen. Etwas frisch gebackenes Brot und eiskalter Weißwein sind alles, was Sie sonst noch dazu brauchen.

4 PORTIONEN

Vinaigrette:

150 ml frisch gepresster Zitronensaft
2 EL Weißweinessig
2 EL sehr fein gehackte Schalotten
1 TL Dijonsenf
150 ml Oliven- oder Rapsöl
Salz und frisch gemahlener schwarzer Pfeffer
50 ml flüssiger Honig

Salat:

½ kg kleine Kartoffeln „Blauer Schwede" (oder Vitelotte, auf jeden Fall violette Kartoffeln, wenn Sie die bekommen können)
300 g grüner Spargel
300 g gemischter Blattsalat, am besten junge Blätter
200 g geviertelte Radieschen
5 Frühlingszwiebeln in Ringen
500 g warm geräucherter Lachs

Für die Vinaigrette Zitronensaft, Weißweinessig, Schalottenwürfel und Dijonsenf in einem Topf aufkochen und dann auf die Hälfte einkochen lassen. Abkühlen lassen. Nach und nach mit einem Schneebesen das Öl einrühren. Mit Salz, Pfeffer und Honig abschmecken.

Die Kartoffeln schälen. Den Spargel in kleinere Stücke schneiden. Die Kartoffeln in Salzwasser fast gar kochen. Dann den Spargel zufügen und ein paar Minuten mitkochen lassen. Kartoffeln und Spargel in einem Sieb abtropfen und abkühlen lassen. Mit Salat, Radieschen, Frühlingszwiebeln und der Hälfte des Dressings vermischen.

Den Salat auf vier Tellern verteilen und den Lachs in Stücken darauflegen. Zum Schluss das restliche Dressing darübergießen.

Tortilla mit gekochtem Lachs und Kräuterdressing

Dieses Gericht ist schnell gemacht, aber Sie können es auch vorbereiten und im Kühlschrank aufbewahren. Man kann die Tortillas sowohl kalt als auch warm servieren.

4 PORTIONEN

50 g Quinoa
600 g frisches Lachsfilet
2 TL Salz
100 g getrocknete Aprikosen
75 g Kürbiskerne
1 rote Zwiebel
1 EL Schnittlauch
1 EL Dill
1 EL Petersilie
100 g Mayonnaise
200 g saure Sahne
1 TL geriebene Zitronenschale
2 EL frisch gepresster Zitronensaft
1 gepresste Knoblauchzehe
Salz und Pfeffer
Salatblätter nach Wahl
4 Tortillafladen

Den Quinoa nach Packungsanweisung kochen. Den Lachs in kleine Würfel schneiden. Wasser mit 2 TL Salz aufkochen und die Lachsstücke hineinlegen. Den Deckel schließen und den Topf von der Platte nehmen. Den Lachs nach ein paar Minuten herausnehmen und abkühlen lassen.

Die Aprikosen in kleinere Stücke schneiden. Die Kürbiskerne in einer Pfanne ohne Zugabe von Fett rösten. Die Zwiebel schälen und in feine Ringe schneiden. Die Kräuter fein hacken und mit Mayonnaise, saurer Sahne, Zitronenschale und -saft sowie gepresstem Knoblauch vermischen. Mit Salz und Pfeffer abschmecken.

Die Salatblätter in die Tortillafladen legen, dann mit Quinoa, Lachs, Aprikosen, Kürbiskernen und Zwiebeln füllen. Mit einem großen Klecks Kräutersauce abschließen.

GRÖNSAKER FRE&LÖR
PLANTOR FRE-SÖN
10-18

Rohe Zucchini mit Lauchdressing

4 PORTIONEN

Lauchdressing:
3 Stangen Lauch
Saft von 3 Zitronen
1 EL Kräutersalz
200 ml Oliven- oder Rapsöl
200 ml kaltes Wasser

Salat:
500 g Zucchini
100 g Brunnenkresse oder gemischter grüner Salat
50 g Mandelblättchen
Fein geriebene Schale von ½ Zitrone
Salzflocken und schwarzer Pfeffer

Diese wunderbare Vorspeise kam rein zufällig zustande. Es war Erntefest in Österlen und nach einer Tour zwischen den Bauernhöfen war mein Auto voll von Bio-Gemüse. Schöne feste Mini-Zucchini, Brunnenkresse und Lauch, dazu süße sonnengereifte Tomaten, Kartoffeln und Wurzelgemüse. Als wir nach Hause kamen, machte ich diesen Salat, der sofort ein Favorit wurde. Es ist schwer, beim Dressing eine schöne, cremige Konsistenz hinzukriegen, wenn man eine zu kleine Portion macht. Stellen Sie also besser die im Rezept angegebene Menge her; das Dressing hält sich im Kühlschrank bis zu 14 Tage. Die Farbe wird herrlich hellgrün, wenn Sie nur den grünen Teil des Lauchs verwenden; heben Sie den weißen auf und verwenden Sie ihn für eine andere Mahlzeit. Der Salat schmeckt gut solo oder als Füllung in einem frischen Sauerteigbrötchen.

Den Lauch putzen und abspülen. Das Weiße wegschneiden und dann das Grüne in kleinere Stücke schneiden. Lauchstücke, Zitronensaft, Kräutersalz, Öl und Wasser zu einer glatten Sauce mixen. Mit Kräutersalz und Zitronensaft abschmecken.

Die Zucchini in dünne Scheiben schneiden. Die Kresse abspülen und trockenschleudern. Die Mandeln in einer Pfanne ohne Zugabe von Fett goldbraun rösten.

Zucchini, Brunnenkresse und Mandeln auf eine Servierplatte legen und mit Dressing beträufeln. Mit etwas fein geriebener Zitronenschale bestreuen und mit Salz und Pfeffer abschmecken.

Klassischer Caesar Salad

Ein Caesar Salad besteht immer aus Romanasalat, Knoblauchcroûtons und einem cremigen Dressing. Diesen populären Salat können Sie essen, wie er ist, oder ihn mit knusprig gebratenem Bacon, Krustentieren oder Hühnchen servieren. Oder vielleicht mit allem auf einmal. Es spricht auch nichts dagegen, noch mehr Zutaten hinzuzufügen, beispielsweise Tomaten, Avocado, Bohnen, gekochte Eier, Spargel, rote Zwiebeln, Parmaschinken oder vielleicht Lachs.

Der erste Caesar Salad wurde 1924 in Tijuana in Mexico zubereitet. Eine Gruppe Filmstars inspirierte dort einen Restaurantbesitzer dazu, diesen Salat zu erfinden, der seitdem seinen Namen trägt.

4 PORTIONEN

2 große Romanasalatköpfe

Croûtons:
3 Knoblauchzehen
100 ml Olivenöl
4 Scheiben Sauerteigbrot aus Weizenmehl

Caesar Dressing:
2 Eigelb
150 ml Olivenöl
Frisch gepresster Saft von 1 Zitrone
2 TL Dijonsenf
1 EL Worcestersauce
80 g Parmesan
2–3 EL eingelegte Kapern
Salzflocken und frisch gemahlener schwarzer Pfeffer
Evtl. frische Minze, Koriander oder Petersilie

Den Salat waschen und putzen. Gut abtropfen lassen.

Den Knoblauch zerdrücken und mit dem Olivenöl vermischen. Das Brot in grobe Stücke schneiden. Das Knoblauchöl in eine Pfanne geben und die Croûtons bei schwacher Hitze goldbraun braten. Auf Küchenpapier abtropfen lassen.

Die Eigelbe in eine Schüssel geben. Das Öl mit einem Schneebesen einrühren, zuerst tropfenweise, dann in einem dünnen Strahl. Dann vorsichtig Zitronensaft, Senf und Worcestersauce einrühren. Mit Salz und Pfeffer abschmecken.

Den Käse reiben. Die Sauce und zwei Drittel des geriebenen Käses mit dem Salat vermischen. In vier Schüsselchen verteilen und mit Kapern und dem restlichen Käse bestreuen. Zum Schluss die knusprigen Croûtons darauflegen und evtl. mit Minze, Koriander oder Petersilie garnieren.

Orangen-Fenchel-Salat mit in Honig gerösteten Haselnüssen

Inzwischen ist es kein Geheimnis mehr, dass ich Orangen gerne überall in meinen Rezepten verwende. Dieser Orangensalat ist Bestandteil vieler Buffets, die ich zusammengestellt habe. Er passt zu fast allen Gelegenheiten. Man kann ihn natürlich auch als Vorspeise mit etwas frisch gebackenem Brot servieren. Viel mehr Werbung ist nicht nötig – manche Gerichte sprechen für sich selbst.

4–6 PORTIONEN

- 130 g Haselnusskerne
- 50 g Butter
- 100 ml flüssiger Honig
- 4 große, saftige Orangen
- 1 Fenchel
- 2 Karotten
- 2 Ringelbeten
- 4 Selleriestangen
- 300 g Feta von guter Qualität
- 1 rote Zwiebel oder 4 Frühlingszwiebeln
- 35 g grüne oder schwarze Oliven
- 50 ml Olivenöl
- Salzflocken und schwarzer Pfeffer
- Reichlich frische Minze
- Granatapfelkerne

Die Nüsse in einer Pfanne ohne Zugabe von Fett rösten, bis sie zu duften beginnen. Dann in ein Geschirrtuch geben und die Schalen abreiben. Die Nüsse abkühlen lassen.

Die Butter erhitzen, bis sie gerade anfängt Blasen zu werfen, dann Honig und Nüsse zufügen. 5–10 Minuten köcheln lassen, bis der Honig langsam zäh und bernsteinfarben wird. Dann auf ein geöltes Backpapier gießen und kalt werden lassen. Anschließend in kleinere Stücke brechen. Wenn man das Backpapier mit dem Nusskaramell in den Gefrierschrank legt, wird es schneller fest.

Die Orangen mit einem Messer schälen, die weiße Haut entfernen. Die Orangen filetieren oder in relativ dicke Scheiben schneiden. Den Fenchel putzen und mit einem Messer oder Gemüsehobel in sehr dünne Scheiben schneiden. Das Fenchelgrün fein hacken. Die Karotten schälen und in dünne Scheiben schneiden. Die Beten schälen und in dünne Scheiben schneiden oder hobeln. In eiskaltes Wasser legen. Den Sellerie putzen und in dünne Streifen schneiden. Fenchelscheiben und Selleriestreifen in kaltes Wasser legen, am besten mit Eiswürfeln darin. In den Kühlschrank stellen, bis der Sellerie sich kräuselt. Orangenfilets, Fenchel, Karotten, Ringelbeten und Sellerie auf Tellern arrangieren. Feta und Zwiebel würfeln. Den Salat mit Feta, Zwiebeln und Oliven bestreuen, mit Olivenöl, Salz und Pfeffer würzen. Kurz vor dem Servieren das Nusskaramell darauf legen. Den Salat mit frischer Minze und den Granatapfelkernen garnieren.

 124

Matjessalat mit Wachteleiern, neuen Kartoffeln und gebräunter Butter

Dieser Salat ist eines meiner Lieblingsgerichte! Vor allem im Frühling und Sommer, wenn es neue Kartoffeln und ganz kleine Rote Beten gibt. Wachteleier sind sowohl lecker als auch hübsch, können aber auch durch normale Eier ersetzt werden. Mit Knäckebrot, Västerbottenkäse oder Gouda, einem kühlen Bier und einem kleinen Schnaps servieren. Wenn Sie wollen, können Sie das Ganze noch mit essbaren Blumen oder Kräutern aufpeppen.

4 PORTIONEN

- 4 große Matjesfilets
- 1½ l Wasser
- 300 ml Apfelessig oder 200 ml Essigessenz (12 %)
- 170 g Zucker
- 8–12 kleine rote Zwiebeln
- 1 rote Chili
- 3 Lorbeerblätter
- 1 Sternanis
- 1 EL Essig (12 %)
- 12 Wachteleier oder 4 Hühnereier
- 12–16 neue Kartoffeln
- Der grobe Teil der Stängel vom 1 Bund Dill
- 12–16 kleine Rote Beten
- 200 g Crème fraiche
- 100 g Butter
- 20 g fein gehackter Schnittlauch oder Dill

Die Filets in kleinere Stücke schneiden. Wasser, Essig und Zucker aufkochen. Geschälte Zwiebeln, entkernte Chili, Lorbeerblätter und Sternanis zufügen. Ca. 5 Minuten köcheln lassen. Den Topf von der Platte nehmen. Die Zwiebeln im Sud abkühlen lassen.

1 l Wasser aufkochen und 1 EL Essig zufügen. Im kochenden Wasser rühren, sodass das Wasser im Topf einen Wirbel bildet. Die Wachteleier aufschlagen und die Eier ins Wasser gießen. 2–3 Minuten sieden lassen. Das Weiß so zuschneiden, dass die Eier hübsch aussehen, und bis zum Servieren beiseitestellen. (Falls Sie Hühnereier verwenden, wie gewöhnlich 5–7 Minuten kochen.)

Die Kartoffeln putzen und mit den Dillstängeln in Salzwasser kochen. Halbieren oder in grobe Stücke teilen. Die Roten Beten kochen, die Schale unter fließendem Wasser abreiben und die Beten in Spalten schneiden.

Die Crème fraîche schlagen, bis sie fest wird. (Sie wird zuerst weich, aber wenn Sie weiterschlagen, wird sie wieder fest.)

Die Butter bei relativ schwacher Hitze schmelzen, bis sie nussig zu duften beginnt, aber auf keinen Fall anbrennen lassen. In eine Saucière geben, sodass sich die trüben Bestandteile absetzen.

Die Zutaten auf Tellern verteilen, den Fisch mit Schnittlauch oder Dill bestreuen und die warme Butter über das Gericht gießen.

Pastasalat mit Roten Beten, Äpfeln, Walnüssen und Feta

Dieses einfache Gericht hat alles, was man sich von einem Nudelsalat wünschen kann. Sie werden satt, er ist gesund, preisgünstig und vor allem lecker. Süße Rote Beten, frische Äpfel, knackige Nüsse, aromatische Minze, salziger Käse und herrlich süßsaures Orangendressing. Servieren Sie den Salat lauwarm oder bei Zimmertemperatur.

4 PORTIONEN

Salat:

200 g im Ofen gegarte oder gekochte Rote Beten
1 großer säuerlicher Apfel
3 Frühlingszwiebeln
100 g Feta
Ca. 250 g kalte gekochte Nudeln
100 g Walnüsse
200 g gemischter junger Babysalat
1 kleines Bund Minze
3 EL Olivenöl
Salz und Pfeffer

Orangensauce:

180 g dunkler Muscovadozucker
100 ml Apfelessig
Fein geriebene Schale und Saft von 3 Orangen
1 EL Maisstärke
Olivenöl

Rote Beten und Apfel schälen und in kleinere Stücke schneiden. Die Zwiebeln in feine Scheiben schneiden und den Feta würfeln. Die Zutaten für den Salat vermischen. Salzen und pfeffern. Für die Orangensauce Zucker und Essig in einem Topf vermischen. Die Flüssigkeit 5 Minuten köcheln lassen, ab und zu umrühren. Die Hälfte des Orangensafts mit Maisstärke vermischen. Den restlichen Saft und die Schale in den Topf geben und noch ein paar Minuten köcheln. Die Stärkemischung einrühren. Unter Rühren aufkochen lassen. Den Topf von der Platte nehmen, wenn das Dressing etwas eingedickt ist. Abkühlen lassen, bevor es mit dem Salat vermischt wird. Evtl. noch etwas Orangenschale über den Salat reiben und Olivenöl darüber träufeln.

 129

Schonischer Apfelkuchen

6 PORTIONEN

Apfelkuchen:
1 kg einheimische säuerliche Äpfel
100 ml Wasser
85 g Zucker
400 g Kavring vom Vortag oder Pumpernickel
100 g Farinzucker
2 TL Zimt
100 g Butter

Vanillesahne:
250 ml Vollmilch
1 Vanillestange
3 Eigelb
40 g Zucker
200 g Schlagsahne

Mindestens einmal im Jahr backe ich echten schonischen Apfelkuchen mit knuspriger, buttriger Kruste und milder, weicher, zarter Füllung. Einen besseren Abschluss für ein Gänseessen im Herbst gibt es nicht. Schonisches Kavring – das ist eine Art Pumpernickel, den Sie für dieses Rezept auch verwenden können –, Farinzucker, säuerliche Äpfel und Zimt in herrlicher Harmonie. Schneiden Sie das Brot am besten am Vortag in Scheiben und lassen Sie es über Nacht trocknen. Auf diese Art wird es viel einfacher, es zu zerkrümeln. Servieren Sie den Kuchen lauwarm mit kühlschrankkalter selbstgemachter Vanillesahne.

Die Äpfel schälen, entkernen und grob würfeln. Die Apfelstücke mit Wasser und Zucker zu einem festen Kompott kochen.

Den Ofen auf 200 °C vorheizen. Kavring oder Pumpernickel reiben und die Brotkrumen mit Farinzucker und Zimt vermischen. Die Butter in einer Pfanne schmelzen und die Mischung portionsweise rösten. Brotkrumen und Apfelkompott in einer Springform mit 24 cm Durchmesser oder in 6 kleinen Formen aufschichten.

Die unterste und die oberste Schicht müssen aus Krumen bestehen. Wenn Sie Karamellgeschmack mögen, können Sie zum Schluss mit einem Käsehobel eine Scheibe kühlschrankkalte Butter darüber hobeln, bevor der Kuchen in den Ofen kommt. Den Apfelkuchen im vorgeheizten Ofen ca. 30 Minuten backen.

Die Milch in einen Topf geben. Die Vanillestange der Länge nach halbieren und das Mark herauskratzen. Milch, Vanillestange und -mark aufkochen. Bei schwacher Hitze 5 Minuten köcheln lassen. Die Stange herausnehmen. Eigelb und Zucker schaumig schlagen. Die heiße Milch unter ständigem Rühren in die Eiercreme gießen. Die Mischung zurück in den Topf geben. Unter starkem Rühren sieden lassen, bis die Sauce eindickt. Den Topf von der Platte nehmen und die Creme in eine Schüssel geben. Ab und zu rühren, bis die Creme abgekühlt ist. Die Sahne schlagen und mit der kalten Vanillecreme vermischen.

Den Kuchen mit der Vanillesahne servieren.

 130

Französische Mousse au chocolat mit Orange

Eine cremige Mousse mit intensivem Schokoladengeschmack, die mit nur wenigen Zutaten einfach und schnell zu machen ist. Außerdem kann man sie gut vorbereiten. Hier ist keine Beeren- oder Obstdekoration nötig, ein kleiner Klecks geschlagene Sahne rundet das herrliche Dessert ab.

6 PORTIONEN

- 200 g dunkle Schokolade mit 70 % Kakaogehalt
- 2 EL Wasser
- 2 Orangen
- 6 Eier
- 85 g Zucker
- 1 EL Orangenlikör, z. B. Grand Manier
- 1 Pr Salzflocken

Zum Servieren:

Kalte geschlagene Sahne

Die Schokolade in kleine Stücke hacken, in eine Schüssel mit dem Wasser geben und über einem heißen Wasserbad schmelzen lassen. Nicht in der Schokolade rühren, bevor sie geschmolzen ist. Die Orangen waschen und abtrocknen. Die Schale sehr fein reiben. Die Eier trennen. Den Topf von der Platte nehmen und die Eigelbe nacheinander in die Schokolade rühren. Zucker und Orangenschale ebenfalls einrühren. Likör zufügen. Das Eiweiß mit dem Salz zu einem festen Schaum schlagen. Den Eischnee vorsichtig unter die Schokoladenmasse heben, am besten mit einem Gummilöffel, damit so viel Luft wie möglich in der Masse bleibt. Die Masse in Portionsschälchen füllen und mindestens 3 Stunden kalt stellen. Mit kalter, leicht geschlagener Sahne servieren.

Orangengalette

Dieser Kuchen mit Orangenaroma ist herrlich zart und außen ein bisschen knusprig. Servieren Sie ihn mit Erdbeeren oder frischen Feigen und der leckeren Mascarponecreme, wenn Sie unerwarteten Besuch bekommen oder wenn Sie einfach Lust auf etwas Leckeres haben. Die Creme passt auch gut zu Beeren- oder Obstsalat.

6–8 PORTIONEN

Galette:
25 g Hefe
2 EL lauwarmes Wasser
250 g zimmerwarme Butter
Fein geriebene Schale von 3 Orangen
1 Msp Salz
65 g Zucker
1 EL Vanillezucker
2 Eier
Ca. 420 g Weizenmehl
8 EL Rohrohrzucker
50 g kühlschrankkalte Butter

Mascarponecreme:
2 Eier
40 g Zucker
1 TL Vanillezucker
250 g Mascarpone
Evtl. 2 EL Orangenlikör
Evtl. fein geriebene Schale von 1 Orange

Zum Servieren:
Frische Feigen oder Beeren

Den Ofen auf 230 °C vorheizen. Die Hefe im Wasser auflösen. Butter, Orangenschale, Salz, Zucker und Vanillezucker verrühren. Die Eier und die Hefemischung untermischen. Das Mehl zufügen und alles zu einem weichen, geschmeidigen Teig verarbeiten. Ca. 30 Minuten gehen lassen. Den Teig rasch kneten. Falls nötig, etwas mehr Mehl zufügen. Der Teig sollte weich und elastisch sein. Ein Backpapier leicht bemehlen. Den Teig auf dem Papier zu einem 3 mm dicken Fladen ausrollen. Mit Rohrohrzucker bestreuen und die Butter in Flöckchen gleichmäßig über dem Teig verteilen. 8–10 Minuten backen, bis der Kuchen am Rand leicht goldbraun ist.

Während der Teig geht, kann die Creme zubereitet werden: Die Eier trennen, Eigelb, Zucker und Vanillezucker schaumig schlagen. Mascarpone zufügen. Schlagen, bis die Masse leicht und luftig ist, dann nach Belieben Likör oder Orangenschale einrühren. Das Eiweiß steif schlagen und vorsichtig unter die Creme heben. Die Creme bis zum Servieren kaltstellen.

Den Kuchen mit der Mascarponecreme und frischen Feigen oder Beeren servieren.

Heidelbeercobbler mit Zimt und Zitrone

Manchmal muss es schnell gehen, und dann ist ein Cobbler, die amerikanische Variante eines Streuselkuchens, genau richtig. Die Decke wird einfach auf die Beeren oder Früchte gelöffelt. Das Resultat ist eine herrliche Tarte mit knusprigem Topping. Sie können auch wunderbar Steinobst wie Pfirsiche, Nektarinen oder Pflaumen verwenden.

Den Ofen auf 200 °C vorheizen. Die trockenen Zutaten für den Teig in eine Schüssel geben. Butter und Sahne zugeben und alles zu einem dicken Teig verrühren. Die Beeren mit Zucker, Zimt, Zitronenschale und Maisstärke vermischen. Eine feuerfeste Form einfetten und die Beeren hineingeben. Den Teig über die Beeren geben. 20 Minuten backen, bis der Teig eine schöne Farbe bekommen hat. Mit Vanillesauce oder geschlagener Sahne servieren.

6–8 PORTIONEN

Teig:
- 240 g Weizenmehl
- 85 g Zucker
- 1 EL Vanillezucker
- 2 TL Backpulver
- 200 g zimmerwarme Butter
- 180–200 g Schlagsahne

Füllung:
- 700 g frische oder gefrorene Heidelbeeren
- 85 g Zucker
- 2 TL Zimt
- Fein geriebene Schale von 1 Zitrone
- 3 EL Maisstärke

Zum Servieren:
- Vanillesauce oder geschlagene Sahne

Rhabarbertarte mit Mandeln und Kardamom

Im Frühjahr geht nichts über die zarten rosa Stängel. Dann sollten Sie diese leckere Rhabarbertarte genießen. Rhabarber und Kardamom sind eine klassische und unwiderstehliche Geschmackskombination. Im Spätsommer und Herbst können Sie den Rhabarber auch gut durch Pflaumen ersetzen.

8 STÜCKE

Ca. 600 g Rhabarber (geschält 500 g)
Geriebene Schale von 1 Zitrone

Tarteboden:
240 g Weizenmehl
2 TL Vanillezucker
85 g Zucker
150 g Butter
1 Ei
Geriebene Schale von 1 Zitrone

Mandelmasse:
50 g Butter
1 Ei
85 g Zucker
100 g gemahlene Mandeln
2 TL gemahlener Kardamom oder 2 TL Vanillezucker

Zum Servieren:
Geschlagene Sahne

Den Ofen auf 225 °C vorheizen. Den Rhabarber schälen (bei jungem nicht nötig), in 3–4 cm lange Stücke schneiden und mit der Zitronenschale vermischen. Die Zutaten für den Teig in einer Küchenmaschine zu einer Kugel verarbeiten. Den Teig im Kühlschrank ca. 30 Minuten ruhen lassen.

Die Butter schmelzen. Ei und Zucker schaumig schlagen und die zerlassene Butter untermischen. Mandeln und Kardamom oder Vanillezucker unterheben.

Den Teig ausrollen und in eine Tarteform mit abnehmbarem Rand und ca. 24 cm Durchmesser drücken. Den Teig mit einer Gabel einstechen. Den Rand am besten mit Aluminiumfolie befestigen, sodass er nicht einbricht. Den Tarteboden 10 Minuten im vorgeheizten Ofen backen. Die Ofentemperatur auf 200 °C reduzieren. Die Mandelmasse auf den Boden gießen. Die Rhabarberstücke auf der Masse verteilen. Die Tarte 30–40 Minuten backen, bis die Oberfläche goldbraun ist. Mit geschlagener Sahne servieren.

Rhabarbersirup

Die milchig-lilarosa Farbe von Rhabarbersirup ist ganz fantastisch. Der Geschmack erinnert an säuerliche Bonbons und lässt mich immer an Sommerferien denken, wenn man barfuß im Garten herumläuft und zarte, dünne Rhabarberstängel pflückt, um sie in eine Tasse mit Zucker zu tauchen. Würzen Sie den Sirup mit Zimt- oder Vanillestange oder ganzen Kardamomkapseln, wenn Sie mögen.

Denken Sie daran, Rhabarber nicht in Aluminiumtöpfen zu kochen, weil die Säure das giftige Metall löst.

TIPP:

Wenn Sie rohen Rhabarber in eine Saftpresse geben, erhalten Sie frischen Rhabarbersaft, den Sie wie Essig in Dressings verwenden oder mit Wasser und Zucker zu einem frischen Nektar mischen können. Passt am besten zu einem sahnigen Dessert.

2–3 FLASCHEN (1 ½–2 LITER)

- 2 kg Rhabarber
- 1½ l Wasser
- 3 Sternanis
- Fein geriebene Schale und Saft von 2 Zitronen
- 500–850 g Zucker

Den Rhabarber abspülen und in kleinere Stücke schneiden, nicht schälen. Rhabarber und Wasser in einem Topf aufkochen und köcheln lassen, bis der Rhabarber weich ist. Den Fruchtbrei in ein Sieb mit Siebtuch geben und die Flüssigkeit in einen Topf fließen lassen. Nicht in der Masse rühren, sonst wird der Saft trüb. Sternanis, Zitronenschale und 250–400 g Zucker pro Liter Flüssigkeit zufügen. 1 Stunde ziehen lassen. Ab und zu rühren, sodass der Zucker sich auflöst. Den Zitronensaft zufügen.

In sauberen Flaschen aufbewahren. Der Sirup hält sich 1 Woche im Kühlschrank. Man kann ihn auch gut einfrieren.

Register

Ajvar 67
Apfel-Ingwer-Knall, Smoothie 21
Apfelkuchen, schonischer 130
Birchermüsli 8
Blätterteigrolle mit Mangold und Gelben Beten 79
Blumenkohl-Polonaise 42
Blutorangenmarmelade 59
Bratling aus Shiitake-Pilzen und Naturreis 96
Buchweizengalettes mit warmen Birnen und Pekannüssen 105
Bulgursalat und Sofritto mit nordafrikanischer Note 82
Caesar Salad, klassischer 122
Dorsch, gepökelt und Dillblütencreme, Rote-Bete-Risotto mit 74
Erbsenpfannkuchen, kleine, mit Paprikafüllung und Pilzen 102
Erdbeersmoothie 21
Fiori di zucca fritti (Frittierte Zucchiniblüten) 62
Französische Mousse au chocolat mit Orange 132
Frittierte Zucchiniblüten (Fiori di zucca fritti) 62
Gebackener Knollensellerie mit selbstgemachter Kräuterbutter 51
Gebratener Reis mit Ingwer und Krabben 91
Gegrillter Halloumi mit geröstetem Pfirsich und knusprigem Schweinebauch 109
Gesundes Risifrutti 14
Glutenfreies Knuspermüsli 9
Goldpfannkuchen mit kalter Schlagsahne und Vanillekürbis 10
Grapefruit und Ananas, Smoothie 21
Grünes Gazpacho mit Minipizzen 24
Hagebutten-Pflaumen-Chutney 56
Halloumi-Zucchini-Bratlinge mit Tsatsiki 99
Heidelbeercobbler mit Zimt und Zitrone 137
Hühnersuppe für die Seele 34
Hummerpasta „Da Enzo“ 88
Jakobsmuscheln, Topinambursuppe mit, und Vanille 31
Karotten mit Estragon und goldbraunen Brotkrumen 40
Karotten-Rote Bete-Drink 22
Kartoffelfladen mit Eierbutter, Gurke und Lachs 115
Klassischer Caesar Salat 122
Kleine Erbsenpfannkuchen mit Paprikafüllung und Pilzen 102
Knuspermüsli, glutenfreies 9
Knusprige Apfel-Spitzkohl-Rollen, Trompetenpfifferlingsuppe mit 30
Knuspriger Schweinebauch, gegrillter Halloumi mit geröstetem Pfirsich und 109
Kohlpudding aus Wildhackfleisch mit Preiselbeeren 110
Kürbis mit Spinat und Reis 45
Kürbissuppe, samtige 32
Lauwarmer Salat aus Roter Bete, Ackerbohnen, Pancetta und Agretto 71
Leinsamenbaguettes, saftige mit Sanddorncurd 13
Linsensalat mit Blutorangen und Erdbeeren 87
Malfatti con burro e salvia 53
Matjessalat mit Wachteleiern, neuen Kartoffeln und gebräunter Butter 127
Melanzane alla parmigiana 69
Melonendrink 22
Minipizzen, grünes Gazpacho mit 24
Mousse au chocolat, französische, mit Orange 132
Omelette mit Brunnenkresse, Tomate und Feta 64
Orangen-Avocado-Joghurt-Drink 22
Orangen-Fenchel-Salat mit in Honig gerösteten Haselnüssen 124
Orangengalette 135
Pastasalat mit Roten Beten, Äpfeln, Walnüssen und Feta 129
Pastinake mit Zitronenglasur 38
Pilzpiroggen 46
Quittenbrot 55
Raw-Frühstück mit gekeimtem Buchweizen, Cashewsahne und Orange 16
Rhabarbersirup 140
Rhabarbertarte mit Mandeln und Kardamom 139
Risotto mit Ackerbohnen und Parmesan 48
Rohe Tortellini aus Beten mit Zitrusfruchtsalat 81
Rohe Zucchini mit Lauchdressing 121
Rote-Bete-Bratlinge mit Ziegenkäsecreme 77
Rote-Bete-Risotto mit gepökeltem Dorsch und Dillblütencreme 74
Rubinroter Morgen, Smoothie 22
Saftige Leinsamenbaguettes mit Sanddorncurd 13
Salat mit warm geräuchertem Lachs und Zitrusvinaigrette 116
Samtige Kürbissuppe 32
Sanddorncurd 13
Schonischer Apfelkuchen 130
Shakshuka 18
Snickersdrink 22
Spargelfrittata 61
Suppe aus geröstetem Gemüse und Tomaten 27
Tjälknöl aus Wild mit eingelegten Beten und Käsekartoffeln 112
Topinambursuppe mit Jakobsmuscheln und Vanille 31
Tortilla mit gekochtem Lachs und Kräuterdressing 117
Trompetenpfifferlingsuppe mit knusprigen Apfel-Spitzkohl-Rollen 30
Umami, Veggie-Lasagne mit viel 93
Vanillekürbis, Goldpfannkuchen mit kalter Schlagsahne und 10
Veggie-Lasagne mit viel Umami 93
Weizen Goreng mit Nektarinen 85
Ziegenkäsecreme, Rote-Bete-Bratlinge mit 77
Zitronenglasur, Pastinake mit 38
Zitruskick, Smoothie 21
Zucchini-Kokos-Bällchen in goldener Tomatensauce 101